한일번역탐구 시리즈3

Korean-Japanese Translation

한일번역탐구 Ⅲ

활용편

김원호 지음

UUP.

Korean-Japanese Translation

한일번역탐구 III
활용편

2009년 9월 9일 초판 1쇄 발행
2014년 9월 1일 초판 2쇄 발행

지은이 | 김원호
발행인 | 이 철
발행처 | UUP(울산대학교출판부)

출판등록 | 제 370-1996-000001호(1996.3.13)
홈페이지 | http://uup.ulsan.ac.kr
주소 | 680-749 울산광역시 남구 대학로 102(무거동)
       울산대학교 출판부
전화 | (052) 259-2488
팩스 | (052) 277-3011

값 9,000원

ISBN 978-89-7868-350-0 94730

머리말

    일본어로 표현하는 것에는, 구어체(話し言葉)와 문장체(書き言葉)라는 형식이 있다. 일본어를 능숙하게 하기 위해서는 이 양 문체를 통달하지 않으면 안 될 것이다. 본서는 그 중 「書き言葉」에 대한 한일韓日 번역에 관한 어학서이다.

    「書き言葉」로 이루어진 문文 표현에서 문말文末의 종조사終助詞를 추가하여 잘 활용하면, 「話し言葉」의 표현도 동시에 정복할 수 있을 것이다.

    한일 양국어를 상호 이전하는 경우, 잘못 행해지는 것을 자주 볼 수 있는데, 그것은 각각의 국어에 나름대로의 어학적인 특성이 있기 때문일 것이다.

    본서에서는, 주어진 〈한국어문〉에 있는 다양한 장면과 상황을 생각하면서 최대한 일본어다운 문장으로 만들어 보는 것을 목표로 하고 있다. 또한 어휘의 해설이 상세하게 되어 있고 예문이 풍부하게 정리되어 있어 한일번역에 유니크할 것으로 본다. 무엇보다 독자들에게 알기 쉽게 설명하기 위하여 많은 참고문헌의 예문을 이용했으며 여러 장면에서 구사되고 있는 실용적인 좋은 예문을 선별하는데 노력했다.

본서의 〈일본어번역문〉 내용에서는 A, B 두 가지로 제시되어 있다. 배우는 사람에게 큰 도움을 줄 수 있을 것으로 본다.

원래 언어에 있어서 상호 이전하여 표현하는 데는 한가지의 표현은 있을 수 없다. 여러 가지 유의어類義語 형태의 표현으로 다양하게 나타낼 수 있고, 그렇게 여러 가지 어휘로 연습 반복하는 것이야말로 효과적인 학습방법이라 할 수 있다.

본서는, 중급이상의 일본어 학습자에게 효과가 있으며, 일본어 능력향상(특히 일본어능력시험)에 더욱 효과가 있을 것으로 생각한다. 본서를 활용하여 평상시 한 마디 한마디 올바르게 표현하도록 노력하는 것이 무엇보다 중요하므로 여러분들의 꾸준한 연마를 기대하는 바이다.

그리고 본서에 실려 있는 한국어문의 분량은 그다지 많지 않다. 그런대로 적당한 분량이며 짧은 기간에 소기의 실력을 향상시킬 수 있을 것으로 기대한다.

앞으로 여러 분야의 다양한 한국어명문名文을 실어 실용적인 한일번역탐구에 많은 도움이 되도록 노력할 것을 약속하면서 여러분들의 많은 조언과 질책을 바라마지 않는다.

마지막으로 본서가 출판되기까지 도움을 준 후학들 그리고 출판부 여러분들에게 고마움을 표시하고 싶다. 여러분의 건투를 빈다.

2009. 8. 31
조용한 음악이 흐르는
寓居에서 저 자

■ 일러두기

* 본서는 다음과 같이 구성되어 있다.

1 본문은, [15장으로 구성되어 있으며, 각장各章 에는 다음과 같이 나누어 설명하고 있다.

❋ **[한국어문]** : 외국의 시사적이고 문화적인 면, 또한 한국사회 의 여러 가지 면모를 나타내고 있는 내용의 문장들이다.

❋ **[한자단어]** : 해당 한국어문에 대응하는 일본어 한자숙어와 그 요미가타(読み方)를 표시하고 있다. 중급이상의 단어만 싣 는다.

❋ **[중요단어 및 어구]** : 일본어로 번역할 때 나타나는 중요한 단 어와 소중한 어구를, 상세하고 풍부한 용례로 설명하고 있다.

❋ **[일본어번역문 A]** : **[번역문 A]**는, 학습자들에게서 자주 보이 는 번역으로 평범한 일본어문의 경우를 말한다. 또한 **[번역문 B]**와 다르게 된 표현에 대해서는 밑줄을 그어 그 유의어의 차 이를 보여주고 있다.

❋ **[일본어번역문 B]** : **[번역문 B]**는, 정제된 일본어문장이며 고 급적인 일본어문장으로 **[번역문 A]**보다 더욱 일본어답고 권장 할 만한 표현이다.

2 [색인편]에는 〈한국어색인〉과 〈일본어색인〉을 실었다. 하나의 외국어가 다른 외국어로 어떻게 표현되고 있는지 쉽게 찾아볼 수 있도록 배열해 두었다.

3 본서에 사용한 [참고문헌]은 다음과 같다.

참고문헌

- 文化庁(1978), 『外国人のための基本語用例辞典』, 大蔵省印刷局
- 大阪外国語大学 朝鮮語研究室(1986), 『朝鮮語大辞典(上・下)』, 角川書店
- 森田良行(1994), 『基礎日本語辞典』, 角川書店 (『基礎日本語』1,2,3 의 合本)
- 日本語教育学会(1982), 『日本語教育事典』, 大修館, - 作文項目 -
- 国立国語研究所(1982), 『分類語彙表』, 資料集6, 秀英出版
- 新村 出(1989), 『広辞苑』, 7刷, 岩波出版
- 志田義秀, 佐伯常麿(1980), 『類語の辞典(上・下)』, 1刷, 講談社学術文庫
- 徳川宗賢・宮島達夫(1972), 『類義語辞典』, 東京堂出版
- 白石大二(1972), 『文章辞典』, 帝国地方行政学会
- 広田栄太郎 外 二人(1972), 『文章表現辞典』, 東京堂
- 小島義郎 外 二人(1996), 『カレッジライトハウス和英辞典』, 研究社
- http://www.yahoo.co.jp
- 林史典・鶴岡昭夫(1992, 2), 『15万例文・成句 現代国語用例辞典』, 教育社
- 小学館辞典編輯部(1994), 『使い方の分かる類語例解辞典』, 小学館
- 田忠魁・泉原省二・金相順(1998), 『類義語使い分け辞典』, 研究社

목차

KAL기 폭파범

「저는 죄를 지은 사람, 백 번 죽어도 마땅합니다.」 그 때 그녀
는 울먹이는 소리였다. 1987년 11월 29일, 바그다드에서 서울로 향
하는 대한항공 858기 편에 일본인 여행자로 가장하고 올라 탄 북한
의 테러리스트는, 동료 남성과 함께 라디오와 술병에 장치한 시한
폭탄을 기내에 숨겼다고 서울에서 열린 기자회견에서 그 수법을 고
백했는데, 말 한마디 한마디에서 회개하는 모습이 감돌고 있었다.

고백에 따르면, 두 사람은 아홉 시간 후에 폭탄이 폭발하도록
장치하고 비행기에 올라 타, 최초의 착륙지인 아부다비에서 내렸
다. 대한항공기는 버마 해상에서 폭발하여 승객, 승무원 합쳐서
115명의 생명을 앗아갔던 것이다.

당국자에 의하면, 미모의 그녀는 북한 외교관의 딸로, 북한의 「여
성 특수 공작원」이 되는 훈련을 받기 위해 열여덟 살 때 평양 외국
어대학 일본어과에서 선발되었다고 한다.

한자단어

- 죄 : 罪(つみ)
- 대한항공 : 大韓航空(たいかんこうくう)
- 북한 : 北朝鮮(きたちょうせん)
- 남성 : 男性(だんせい)
- 장치 : 装置(そうち)
- 폭탄 : 爆弾(ばくだん)
- 기자회견 : 記者会見(きしゃかいけん)
- 고백 : 告白(こくはく)
- 회개 : 悔悟(かいご)
- 최초 : 最初(さいしょ)
- 해상 : 海上(かいじょう), 沖(おき)
- 승무원 : 乗務員(じょうむいん)
- 당국자 : 当局者(とうきょくしゃ)
- 외교관 : 外交官(がいこうかん)
- 공작원 : 工作員(こうさくいん)

- 백번 : 百回(ひゃっかい)
- 여행자 : 旅行者(りょこうしゃ)
- 동료 : 同僚(どうりょう)
- 술병 : 酒(さけ)の瓶(びん)
- 시한 : 時限(じげん)
- 기내 : 機内(きない)
- 수법 : 手法(しゅほう)
- 말 : 言葉(ことば)
- 폭발 : 爆発(ばくはつ)
- 착륙지 : 着陸地(ちゃくりくち)
- 승객 : 乗客(じょうきゃく)
- 생명 : 生命(せいめい)
- 미모 : 美貌(びぼう)
- 특수 : 特殊(とくしゅ)
- 훈련 : 訓練(くんれん)

중요단어 및 어구

1 죄를 짓다 : 罪(つみ)を犯(おか)す

⇨ 죄를 지은 사람은 벌을 받는다.
　罪を犯した人は罰(ばつ)を受ける。
⇨ 살인의 죄를 짓다.
　殺人(さつじん)の罪を犯す。
⇨ 죄는 지은 데로 가고, 덕은 닦은 데로 간다.
　罪は犯した所に行き、徳は修(おさ)めた所に行く。

cf) 죄를 미워하되 사람은 미워하지 말라.
　罪を憎(にく)んでも人を憎むな。

cf) 짓다 : 아래와 같이 많은 유의어가 있다.
⇨ (건물을) 짓다. 建物を建てる。
⇨ (밥을) 짓다. 飯を炊(た)く。
⇨ (시, 문장을) 짓다. 詩を作る。文章を作る。
⇨ (표정, 교태를) 짓다. 表情を表す。顔をする。品(しな)を作る。
⇨ (한숨을) 짓다. ため息(いき)をつく。
⇨ (농사를) 짓다. 作物(さくもつ)を育て作る。
⇨ (죄를) 짓다. 罪を犯す。
⇨ (열, 무리를) 짓다. 列(れつ)を作る。群(む)れをなす。
⇨ (없는 사실 등을) 지어내다, 조작하다 - でっちあげる。作り
　あげる。
⇨ (결말, 해결을) 짓다 - 処理(しょり)する。かたづける。結び
　をつける。
⇨ (이름을) 짓다 - 命名(めいめい)する。名付(なづ)ける。
⇨ (옷차림새를) 짓다, (옷을) 짓다 - 繕(つくろ)う。したてる。

⇨ (약을) 짓다, 조제하다 - 薬を調合(ちょうごう)する。調剤
(ちょうざい)する。

cf) 'おかす'의 同音異義語
・犯(おか)す : 규칙을 깨뜨리다, 해서는 안 될 일을 하다.
    ⇨ 죄를 짓다. 罪(つみ)を犯す。
    ⇨ 잘못을 저지르다. 過(あやま)ちを犯す。
・侵(おか)す : 남의 권리를 침범하다.
    ⇨ 남의 나라 영공을 침범하다.
    他国(たこく)の領空(りょうくう)を侵す。
・冒(おか)す : 억지로 하다, 해를 끼치다.
    ⇨ 위험을 무릅쓰고 산에 오르는 것은 좋지 않다.
    危険(きけん)を冒して、山へ登(のぼ)るのは良くない。
    ⇨ 벼가 해충에게 침식당하다.
    稲(いね)が害虫(がいちゅう)に冒される。

2 마땅하다 : あたり前(まえ)だ, しかるべきだ, 当然(とうぜん)
だ, 当然~べきだ

⇨ 부모의 말에 순종해야 마땅하다.
父母(ふぼ)の言うことに従ってあたりまえだ。
⇨ 이 만큼 협력했으니까 나에게 당연히 감사해야 한다.
これだけ協力したのだから、わたしに感謝してしかるべきだ。
⇨ 죽어 마땅하다.
死んで当然だ。
⇨ 죄 값으로 벌을 받는 것이 마땅하다.
罪の償(つぐな)いに罰を受けるのは当然だ。
⇨ 마땅히 죄를 천하에 사죄해야 한다.
当然罪を天下(てんか)に謝(しゃ)すべきである。

3 울먹이는 소리 : 涙声(なみだごえ)

⇨ 울먹이는 소리로 신세를 이야기하다.
　涙声で身(み)の上(うえ)を話す。

cf) 울듯하다 : 泣(な)き出(だ)さんばかりだ, すすりあげそうにな
　　　　　　　る, しゃくり上げる, 泣(な)きじゃくる, (今にも
　　　　　　　泣きそうになって) ひくひくする

⇨ 대부분의 딸들은 너무 고민 끝에 금방이라도 울음을 터트릴
　듯한 기세로 자신이 세상에서 제일 불행하다고 털어 놓는다.
　大概の娘は、悩みに悩んでいるらしく、もう泣き出さんば
　かりの勢いで、自分は世界で一番不幸を背負っているのだ
　と打ち明ける。

⇨ 졸업식 내내 여학생들이 코를 훌쩍거리며 흐느껴 우는 소리
　가 여기저기서 들려왔다.
　卒業式の間(あいだ)じゅう、女生徒(じょせいと)のはなをす
　すりあげる声があちらこちらから聞えた。

⇨ 서서히 그 울음소리는 작아졌다. 몇 번이나 울먹이며 몇 번
　을 흐느껴 운 후 타카는 그 한 마디를 툭 내던진 것이었다.

⇨ ゆっくりとその泣き声は小さくなっていった。何度かしゃく
　りあげ、何度かすすりあげたあとに、ぽつり、とタカはそ
　う言ったものである。

⇨ 터벅터벅 길을 걸어가면서 불안해진 동생이 흐느껴 울기에
　나는 어찌할 바를 몰랐다.
　とぼとぼとたどる道すがら心細(こころぼそ)くなった弟が泣
　きじゃくるので、ぼくは途方(とほう)にくれてしまった。

⇨ 눈물이 흘러내렸다. "그래. 마음이 맞는 게 제일이야. 고백해
　버려." 울음을 참으며 억지로 밝게 메일을 쓰는 자신이 애처
　로웠다.

涙がこぼれてきた。「そうよね、気が合うのが一番よね。告白しちゃいなさいよ」すすりあげそうになるのを押さえて、わざと明るいメールを書く自分が悲しかった。

⇨ 그는 코를 훌쩍이며 수건으로 눈물을 닦았다. 사람들 앞에서 처음 흘린 눈물에 나는, 그의 마음속에서 무언가가 끝난 일이라고 생각했다.

彼は鼻をすすりあげ、タオルで目元(めもと)を拭(ぬぐ)った。人前で落とす初めての涙に、私は、彼の中で何かが終わったのだ、と思った。

⇨ 단지 한명만이, 냉정한 그녀가 얘기할 때 울먹이고 있습니다.

ただひとり冷静(れいせい)な彼女が語っているとき、涙で、ひくひくしています。

cf)「금방~할 듯이」,「막~할 듯한」(지금 곧, 무언가 하려고 하는 상태)
　　→「부정 조동사 ん(ぬ)+ばかりに(の)」의 型

⇨ 금방 울기라도 할 듯이 부탁했다.
泣かんばかりに頼(たの)んだ。

⇨ 막 울 듯한 얼굴.
泣かんばかりの顔。

⇨ 덤벼들듯이 고함치다.
かみつかんばかりにどなる。

⇨ 그는 위가 아프다고 하면서 죽을 것같이 괴로워하고 있다.
彼は胃(い)が痛いといって、死なんばかりに苦しんでいる。

4 가장하다(~인 체 하다) : 装(よそお)う, 見せ掛(か)ける, ふりをする。

⇨ 속으로는 초조하면서도 태연한 체 한다.
心の中では焦(あせ)っていながらも泰然(たいぜん)を装う。

⇨ 가는 체 하면서 가지 않는다.
行くように見せ掛けて行かない。

⇨ 병자를 <u>가장하고</u> 일하지 않는다.
　病人(びょうにん)の<u>ふりをして</u>仕事をしない。

cf) 허풍을 떨다 : ほらを吹(ふ)く

　⇨ 미국에 부자 삼촌이 있다고 <u>허풍을 떨고</u> 있다.
　　アメリカに金持(かねも)ちのおじがいると<u>ほらを吹いて</u>いる。
　⇨ 입에서 나오는 대로 <u>허풍을 떤다</u>.
　　くちまかせに<u>ほらを吹く</u>。

5 올라타다 : 乗(の)り込(こ)む, (馬などに)またがる(自), 馬乗
　　　　　(うまの)りになる

⇨ 기차에 <u>올라타다</u>.
　汽車に<u>乗り込む</u>。
⇨ 말 위에 <u>올라타다</u>.
　馬の上に<u>またがる</u>。
⇨ 동생의 몸 위에 <u>올라타서</u> 싸우다.
　弟の体の上に<u>馬乗りになって</u>けんかする。

6 장치하다: 装置(そうち)する, 設(しつら)える, 仕掛(しか)け
　　　　　る, セットする

⇨ 무대를 <u>장치하다</u>.
　舞台(ぶたい)を<u>装置する</u>。
⇨ 손님의 눈을 끌도록 <u>장치하다</u>.
　客の目を引くように<u>設える</u>。
⇨ 교묘한 <u>장치</u>가 되어 있다.
　うまい<u>仕掛け</u>がしてある。

⇨ 1막과 2막은 장면이 싹 바뀌니까 배경을 다시 장치해야 한다.
一幕(いちまく)めと二幕めは場面ががらりとかわるので、背景をセットし直さなくてならない。

7 숨기다 : 隠(かく)す, 秘密(ひみつ)にする

⇨ 숨기지 않고 이야기하다.
かくさず話す。
⇨ 자기재능을 숨기다.
自分の才能(さいのう)をかくす。
⇨ 그는 자기계획을 내게 숨기고 있었다.
彼は自分の計画(けいかく)を私に秘密にしていた。

cf) 内緒(ないしょ) : 内密(ないみつ), 秘密(ひみつ) 「ないしょう
(内証)」에서 음이 변화됨]
⇨ 이건 비밀 이야기인데 좋은 돈벌이가 있어.
これは内緒の話だがいいもうけ口があるんだ。
⇨ 학교에는 비밀로 해 주겠지만, 다시는 이런 일을 하면 안돼요.
学校には内緒にしおいてやるけど、こんな事はもうしては
いけませんよ。
⇨ 이것은 비밀로 해주세요.
これは内密に願います。
⇨ 그 여자가 비밀의 열쇠를 갖고 있다.
その女が秘密の鍵(かぎ)を握(にぎ)っている。

8 수법 : 手口(てぐち), やり口(くち), 手法(しゅほう)

⇨ 범죄수법이 비슷하다.
犯罪の手口が似通(にかよ)っている。

⇨ 노련한 <u>수법</u>.

　老巧(ろうこう)な<u>やり口</u>。

⇨ 아쿠다가와 류노스케는, 예리한 감수성과 참신한 <u>수법</u>을 지닌 이지적 작가이다.

　芥川竜之介は、鋭(するど)い感受性(かんじゅせい)と斬新(ざんしん)な<u>手法</u>を持った理知的(りちてき)な作家である。

cf) 솜씨 : 手際(てぎわ)

　⇨ 멋진 요리를 해 보여 그 우수한 <u>솜씨</u>에 감동해 버렸다.

　　包丁(ほうちょう)さばきも鮮(あざ)やかで、その<u>手際</u>のよさに感心してしまった。

9 한 마디 한 마디 : 端々(はしばし), 一言(ひとこと)一言

⇨ 말 <u>한 마디 한 마디</u>에 조심하다.

　言葉の<u>はしばし</u>に気をつける。

⇨ <u>한 마디 한 마디</u> 빠뜨리지 않고 들어요.

　<u>一言一言</u>も聞きもらさない。

10 회개하다 : 悔悟(かいご)する, 悔(く)いる, 悔(く)やむ

⇨ 죄를 <u>회개하다</u>.

　罪を<u>悔悟する</u>。

⇨ 경솔한 행동을 <u>뉘우치다</u>.

　軽(かる)はずみな行動(こうどう)を<u>くいる</u>。

⇨ 왜 그 때 엄마에게 그런 심한 말을 했는지, 지금에 와서 심히 <u>뉘우치게</u> 된다.

　どうしてあの時母にあんなひどい事を言ったのか、今になってひどく<u>悔やまれる</u>。

11 감돌다 : 漂(ただよ)う, 立(た)ち込(こ)める

⇨ 따뜻한 분위기가 감돌다.
　なごやかな雰囲気(ふんいき)が漂う。
⇨ 암운이 감돌다.
　暗雲(あんうん)が立ち込める。

12 따르다(의존하다, 의거하다, 기인하다) : 依(よ)る, 拠(よ)る, 因(よ)る

⇨ 생활비는 부모가 보내주는 돈에 의존한다.
　生活費(ひ)は親からの仕送(しおく)りに依(よ)る。
⇨ 일기예보에 따르면 내일 눈이 온다고 한다.
　天気予報に拠(よ)ると、明日雪が降るそうである。
⇨ 누전으로 인한 화재.
　漏電(ろうでん)に因(よ)る火災(かさい)。

cf) ～에 따라서 : ～に従(したが)って, ～につれて, ～に伴(とも　な)って

⇨ 규칙에 따라서.
　規則(きそく)に従って。
⇨ 공업이 발달함에 따라서.
　工業(こうぎょう)が発達(はったつ)するにつれて。
⇨ 수입이 증가함에 따라서.
　収入(しゅうにゅう)が増(ま)すに伴って。

13 합하다 : 合(がっ)する, 合(あ)わせる, 合(あ)わす

⇨ 전부를 합하다.　全部を合する。
⇨ 마음을 합하다.　心(こころ)を合わせる。　腹(はら)を合わす。

cf) N+共(とも) : N을 포함하여

⇨ 포장까지 합해 300 그램이다.

風袋(ふうたい)共300グラムだ。

⇨ 운임까지 합쳐 일 만엔.

運賃(うんちん)共一万円。

14 앗아가다(앗다) : 奪(うば)いとる, 横取(よこど)りする, 横取
る, 失(うしな)う

⇨ 가진 돈을 빼앗다.

持(も)ち金(がね)を奪いとる。

⇨ 친구에게 애인을 빼앗겼다.

親友に恋人を横取りされた。

⇨ 눈앞에 가로 놓여 있는 것은, 소년의 아버지를 비롯해 많은
사람의 생명을 빼앗은 곰이었다.

目の前に横たわっていることは、少年のお父さんをはじめ、
多くの人の命を横取ったクマだった。

⇨ 이 골짜기 아래로 떨어지면, 틀림없이 생명을 앗아가게 된다.

この谷底(たにそこ)に転落(てんらく)したら、まちがいなく
命を失うことになる。

15 미모 : 美貌(びぼう), 別嬪(べっぴん), 美人(びじん), 美女(び
じょ), 麗人(れいじん), 綺麗首(きれいくび), 佳人(か
じん)

⇨ 미모를 자랑하다.　美貌を誇(ほこ)る。

⇨ 타고난 미모를 살려 소녀는 여배우로의 길을 걷기 시작했다.

生まれつきの美貌をいかして少女は女俳優への道を歩き始
めた。

⇨ 벳삔은 여성의 용모만을 가리키며, 그것과 함께 고귀한 여성을

의미하는 「嬪」이 붙어 別嬪으로도 쓰이게 되었다.

べっぴんは女性の容姿のみをさすようになり、それに伴ない、高貴な女性を意味する 「嬪」 が当てられ、別嬪とも書かれるようになった。

⇨ 미인박명이나 가인박명이란, 미인 스스로의 득도 못 보고 자칫 불행해지기 쉽다는 뜻이다.

美人薄命(びじんはくめい)や佳人薄命とは、美人は運命に恵まれずとかく不幸になりがちであるの意味である。

⇨ 남장을 한 미인.

男装(だんそう)の麗人。

⇨ 미모를 갖추다.

綺麗首をそろえる。

16 선발 : 選抜(せんばつ), 選(え)り抜(ぬ)き, 粒(つぶ)より(선발하다 : 選抜する, すぐる)

⇨ 미스월드선발대회. ミスワールド選抜大会。

⇨ 선발된 선수. 選り抜きの選手(せんしゅ)。

⇨ 이 고등학교에는 많은 중학교에서 뽑힌 수재들이 입학한다.

この高校には多くの中学校から粒よりの秀才(しゅうさい)たちが入学する。

⇨ 많은 후보자 가운데서 선발된다.

多くの候補者(こうほしゃ)の中から選抜される。

⇨ 중요한 시합이기에 상태가 좋은 정예 선수를 선발하여 선발멤버로 했다.

大事な試合だから、調子(ちょうし)のいい精鋭(せいえい)をすぐって先発メンバーとした。

일본어번역문 1-A

「わたしは罪を犯した人、百回死んでも<u>当然です</u>。」その時彼女は<u>泣き出さんばかりの声</u>だった。1987年11月29日バグダッドからソウルに向かう大韓航空858便に日本人の旅行者を<u>ふりをして</u>のりこんだ北朝鮮のテロリストは、同僚の男性<u>と一緒に</u>ラジオと酒の瓶に<u>装置した</u>時限爆弾を機内に隠したとソウルで開かれた記者会見でその<u>手法</u>を告白したが、言葉の<u>一言一言</u>には<u>悔悟の心</u>が漂っていた。

告白によると、二人は九時間後で爆弾が爆発するように<u>装置して</u>飛行機にのりこんで最初の着陸地のアブダビで降りた。大韓航空機はビルマの<u>海上で</u>爆発して乗客、乗務員合わせて115名の<u>命をうばい</u>さったのだ。

当局者によると、美貌の彼女は北朝鮮の外交官の娘で、北朝鮮の「女性の特殊の工作員」になる訓練を受けるために18歳の時<u>ピョンヤン</u>外国語大学の日本語科から<u>選抜された</u>そうだ。

일본어번역문 1-B

「私は罪を犯した者、百回死んでもあたり前です。」その時彼女は涙声だった。1987年11月29日バグダッドからソウルに向かうKAL858便に日本人の旅行者を装ってのりこんだ北朝鮮のテロリストは同僚の男性とともにラジオと酒の瓶に仕掛けした時限爆弾を機内に隠したとソウルで開かれた記者会見でその手口を告白したが、言葉の端々には悔悟の念が漂っていた。

告白によると、二人は九時間後に爆弾が爆発するようにセットして飛行機に乗り込んで最初の着陸地のアブダビで降りた。大韓航空機はビルマの沖で爆発して乗客、乗務員合わせて115人の生命が失われたのだ。

当局者によると、美貌の彼女は北朝鮮の外交官の娘で、北朝鮮の「女性特殊工作員」になる訓練を受けるために18歳の時平壌外国語大学の日本語科から選り抜かれたという。

2

아시아의 경제발전

  지금의 일본은, 아마도 세계 최강의 경제대국일 것이며, 다가올 「태평양의 세기」에 지도적 역할을 발휘하려고 태세를 갖추고 있다. 「이대로 간다면 일본은 2010년이 지나면 세계 정치의 주도적 힘이 될 것이다」라고 예언하는 이도 있다. 일본만이 아니다. 아시아 NICS(신흥공업국가群)라고 총칭되는 소위 한국, 대만, 싱가폴, 홍콩의 성장도 동아시아의 경제적 중요성을 더욱 증대시킨다. 그리고 경제적인 잠에서 깨어난 과거의 초대국 중국이 있다.

  아시아의 대두로 미국은 백년 이내에 「거대한 호주」로 변할지도 모른다. 아시아의 대두와 그들의 미국에 대한 도전은 이미 학술적 논쟁의 범위를 넘어섰다. 도무지 쟁점이 없는 지난 선거에서 홀로 기고만장한 사람은 보호무역주의자인 G하원의원 뿐이었다. 그는 선거 광고에서 '한국의 현대 자동차에 고율의 관세를 매겨라'고 주장하고 있었다.

한자단어

- 최강 : 最強(さいきょう)
- 태평양 : 太平洋(たいへいよう)
- 지도적 : 指導的(しどうてき)
- 발휘 : 発揮(はっき)
- 주도적 : 主導的(しゅどうてき)
- 신흥 : 新興(しんこう)
- 국가군 : 国家群(こっかぐん)
- 대만 : 台湾(たいわん)
- 성장 : 成長(せいちょう)
- 중요성 : 重要性(じゅうようせい)
- 잠 : 眠(ねむ)り
- 초대국 : 超大国(ちょうたいこく)
- 거대 : 巨大(きょだい)
- 학술적 : 学術的(がくじゅつてき)
- 범위 : 範囲(はんい)

- 경제대국 : 経済大国(けいざいたいこく)
- 세기 : 世紀(せいき)
- 역할 : 役割(やくわり)
- 정치 : 政治(せいじ)
- 예언 : 予言(よげん)
- 공업 : 工業(こうぎょう)
- 총칭 : 総称(そうしょう)
- 홍콩 : 香港(ホンコン)
- 동아시아 : 東亜細亜(ひがしアジア)
- 증대 : 増大(ぞうだい)
- 과거 : 過去(かこ)
- 대두 : 台頭(たいとう)
- 도전 : 挑戦(ちょうせん)
- 논쟁 : 論争(ろんそう)
- 쟁점 : 争点(そうてん)

- 보호무역주의자 : 保護貿易主義者(ほごぼうえきしゅぎしゃ)
- 하원의원 : 下院議員(かいんぎいん)   - 광고 : CM, 広告(こうこく)
- 고율 : 高率(こうりつ)   - 관세 : 関税(かんぜい)

중요단어 및 어구

1 아마 : 恐(おそ)らく, 大方(おおかた), たぶん, 思(おも)うに,
たいてい

⇨ 아마 내일쯤 올 것이다.
　恐らくあしたあたり来るだろう。
⇨ 아마 옛 우물터 일 것이다.
　大方古井(ふるい)の跡(あと)であろう。
⇨ 아마 이번에는 합격할 것이다.
　たぶんこんどは受かるだろう。
⇨ 생각컨대 인생이란 무얼까?.
　思うに、人生(じんせい)とは何であろう。
⇨ 하늘이 흐려있으니까, 저녁에는 아마 비가 올 것이다.
　空がくもっているから、夕方にはたいてい雨がふるだろう。

2 다가오다 : 近(ちか)づく, 近寄(ちかよ)る, 迫(せま)る, きた
る(べき)(연체사)

⇨ 내 순서가 가까워지자, 심장이 두근거려서 식은땀이 흘러내렸다.
　わたしの番が近づくと、動悸(どうき)がして冷や汗が流れて
　きた。
⇨ 뒤에서 조용히 다가가 왓! 하고 놀래 줘야지.
　後ろからそっと近寄り、わっと驚(おど)かしてやろう。
⇨ 비행기의 엔진은 모두 멎었다. 드디어 최후의 시간이 다가온
　것이다.
　飛行機のエンジンは全部止まった。いよいよ最後のときが
　迫ったのだ。
⇨ 다가 올 5일에 동창회를 개최합니다.

きたる五日、同窓会(どうそうかい)を開催(かいさい)いたします。

⇨ 다가 올 총선거를 위한 준비를 공고히 하다.
来(きた)るべき総選挙(そうせんきょ)のための布石(ふせき)を固(かた)める。

3 역할 : 役割(やくわり), 役(やく), 役目(やくめ)

⇨ 퀴리 부부가 발견한 라듐은, 의학의 진보에 큰 역할을 했다.
キュリー夫妻(ふさい)が、発見したラジウムは、医学の進歩(しんぽ)に大きな役割を果(は)たした。

⇨ 만일의 경우에는 우산으로도 무기의 역할을 한다.
いざという時には傘でも武器(ぶき)の役を果(は)たす。

⇨ 아이를 기르는 것은 부모의 역할이다.
子供を育(そだ)てるのは親の役目だ。

4 발휘하다 : 発揮(はっき)する, 振(ふる)う

⇨ 선수가 실력을 발휘하다.
選手が腕前(うでまえ)を発揮(はっき)する。

⇨ 그 문제는 그가 실력을 발휘하는 좋은 기회가 되었다.
その問題は彼が実力を発揮するいい機会となった。

⇨ 용기를 내어 대항하다.
勇気(ゆうき)をふるって立(た)ち向(む)かう。

5 갖추다 : 備(そな)える, 整(ととの)える, 揃(そろ)える, 取(と)りそろえる, 取(と)りそなえる, 具備(ぐび)する, 身構(みがま)える

⇨ 자료를 <u>갖추다</u>.

資料(しりょう)を<u>備える</u>。

⇨ 준비태세를 <u>갖추다</u>.

準備態勢(たいせい)を<u>整える</u>。

⇨ 제복을 <u>갖추다</u>.

制服(せいふく)を<u>そろえる</u>。

⇨ 참고자료를 <u>갖추다</u>.

参考資料を<u>取りそろえる</u>。

⇨ 필수품을 <u>갖추다</u>.

必需品(ひつじゅひん)を<u>取りそなえる</u>。

⇨ 자격을 두루 <u>구비하다</u>.

資格(しかく)をすべて<u>具備する</u>。

⇨ 상대의 공격에 대비하여 나는 낮게 자세를 <u>갖추었다</u>.

相手の攻撃(こうげき)に備え、わたしは低く<u>身構え</u>た。

6 이대로 : このまま, このように, この<u>通</u>(とお)り

⇨ <u>이대로</u> 내버려둬라.

<u>このまま</u>放(ほ)っとけ。

⇨ <u>이대로</u> 예쁘게 써봐라.

<u>このように</u>きれいに書いて見ろ。

⇨ <u>이대로</u> 하시오.

<u>この通り</u>にしなさい。

7 지나다 : 過(す)ぎる, 経過(けいか)する, 経(た)つ, 流(なが)れる

⇨ 기한이 <u>지나다</u>.

期限(きげん)が<u>過ぎる</u>。

⇨ 시합이 시작되어 한 시간 <u>경과했</u>는데 양팀 모두 아직 무득점

이다.

試合が始まって一時間<u>経過</u>したが、両チームともまだ無得点(むとくてん)である。

⇨ 20년이 <u>지나</u>면 이 마을의 모습도 꽤 바뀌겠죠.

20年が<u>たて</u>ばこの町のようすも、だいぶ変わるでしょう。

⇨ 어느 샌가 십년의 세월이 <u>지났</u>다.

いつの間(ま)にか10年の歳月(さいげつ)が<u>流れ</u>た。

8 예언 : 予言(よげん), 予想(よそう), 占(うらな)い, 予告(よこく)

⇨ 그의 30년 전 <u>예언</u>이 멋지게 맞았다.

彼の三十年前の<u>予言</u>がみごとに当(あ)たった。

⇨ 홍수로 농작물이 물에 잠겨 흉작이 <u>예상</u>되다.

冠水(かんすい)のために不作(ふさく)が<u>予想</u>される。

⇨ <u>점괘</u>는 길하다고 나왔다.

<u>占</u>いは吉(きち)と出(で)た。

⇨ <u>예고</u> 없이 해고당했다.

<u>予告</u>なしに解雇(かいこ)された。

9 총칭 : 総称(そうしょう), 総名(そうみょう)

⇨ 사람이 기르는 소, 말, 오리 등을 <u>총칭</u>하여 가축이라고 한다.

人間の飼(か)う牛、馬、あひるなどを<u>総称</u>して家畜(かちく)という。

⇨ 소나무, 삼나무, 전나무를 <u>총칭</u>하여 침엽수라 한다.

松(まつ)、杉(すぎ)、もみを<u>総名</u>して針葉樹(しんようじゅ)と言(い)う。

10 더욱 : もっと, 一層(いっそう), ますます, いよいよ, 更(さら)に

⇨ 토지는 <u>더욱 더</u> 값이 오를 것이라고 한다.

　土地(とち)は<u>もっともっと</u>ねだんが高くなるそうだ。

⇨ 높이 올라갈수록 공기는 <u>더욱</u> 희박해진다.

　高く上がれば上がるほど空気がより<u>いっそう</u>薄(うす)くなる。

⇨ 누런 보리밭을 볼 때마다 <u>더욱 더</u> 고향이 그리워진다.

　黄色い麦畑(むぎばたけ)を見るごとに<u>一層</u>故郷がなつかしく
　なる。

⇨ 이 마을의 인구는 <u>점점</u> 증가하는 편이다.

　この町の人口は<u>ますます</u>ふえる一方(いっぽう)だ。

⇨ 바람이 <u>점점</u> 거세어지다.

　風が<u>いよいよ</u>はげしくなる。

⇨ 불길은 <u>더욱</u> 퍼져 나가다.

　火は<u>更</u>に燃(も)え広がる。

11 증대시키다 ： 増(ま)す, 増大(ぞうだい)させる, 増(ふ)やす,
　　　　　　　　　増(ふ)えさせる

⇨ 물이 적으니까 물을 더 <u>늘려</u> 주세요.

　水が少ないですから、もっと水を<u>増し</u>てください。

⇨ 여름이 되자 에어컨 생산을 <u>증대시켰다</u>.

　夏になるとクーラーの生産を<u>増大</u>させた。

⇨ 작은 재산을 <u>늘리는</u> 것은 어렵지만, 큰 재산을 <u>늘리는</u> 것은
　쉽다고 하는 이야기입니다.

　小さな財産(ざいさん)を<u>ふやす</u>のはむずかしいが、大きな財
　産を<u>ふやす</u>のはやさしいという話です。

⇨ 그렇게 말해 주었는데, 당신들은 반대로 나에게 고민을 <u>더하게</u>
　<u>하고</u> 있다.

　そう言ってくれたのに、あなたたちは逆に私に悩(なや)みを
　<u>増えさせて</u>る。

12 잠깨다 : 目覚(めざ)める, ねむりから覚(さ)める

⇨ 밤중에 문득 잠을 깼다.
　　夜中(よなか)にふと目覚めた.
⇨ 학문에 눈뜨다.
　　学問(がくもん)に目覚める.
⇨ 긴 잠에서 깨어난 한국은 새로운 문화를 받아들이고 있다.
　　長いねむりから覚めた韓国は新しい文化を受け入れている.

13 과거 : 過去(かこ), かつて, 昔(むかし)

⇨ 과거의 일을 잊어버리고 새로운 생활을 합시다.
　　過去のことはわすれて新しい生活をしましょう.
⇨ 그 마을에는 옛날의 모습을 볼 수 없었다.
　　その村にはかつての姿(すがた)を見いだせなかった.
⇨ 30년만에 만난 옛 친구와 옛날을 그리면서, 추억거리를 밤새
　이야기했다.
　　三十年ぶりに会った旧友(きゅうゆう)と昔をしのびながら,
　　思い出話(でばなし)を語(かた)り明(あ)かした.

14 변하다 : 化(か)する, 化(か)す(文語)

⇨ 덕으로써 사람을 바꾸다(감화시키다).
　　徳(とく)をもって人を化する.
⇨ 폐허로 변한 이 마을에서 다시 전쟁의 비참함을 느꼈다.
　　廃墟(はいきょ)と化したこの町で, 改(あらた)めて戦争のむ
　　ごさを感じた.

15 도전 : 挑戦(ちょうせん), 挑(いど)み, チャレンジ(challenge),
アタック(attack)

⇨ 세계신기록에 도전하다.
世界新記録(しんきろく)に挑戦する。
⇨ 겨울 산에 도전하다.
冬山(ふゆやま)に挑戦する。
⇨ 전인미답의 기록에 도전하다.
前人未踏(ぜんじんみとう)の記録にちょうせんする。
⇨ 운명에 도전하고, 사명에 불타고, 천명에 산다.
運命に挑み、使命に燃(も)え、天命(てんめい)に生きる。
[座右の銘]
⇨ 그는 챌린지 정신이 왕성하다.
彼はチャレンジ精神が旺盛(おうせい)だ。
⇨ 제일 어려울 것 같은 문제에 도전했다.
一番難しそうな問題にアタックした。

16 이미 : すでに, もう, 先(さき)に, もはや

⇨ 이미 때가 늦었다.
すでに手遅(ておく)れだ。
⇨ 그건 이미 끝났다.
それはもう間に合わない。
⇨ 이미 말씀드린 바와 같이.
先に申し上げましたように。
⇨ 이미 날도 저물었다.
もはや日も暮(く)れた。

17 논쟁 : 論争(ろんそう), 争(あらそ)い, 討論(とうろん)

⇨ 그것은 논쟁의 여지가 없다.

それは論争の余地(よち)が無(な)い。

⇨ 정치 토론회에서, 좌우 양파의 정치가가 심한 논쟁을 반복하고
있다.

政治討論会(せいじとうろんかい)で、左右両派(さゆうりょ
うは)の政治家が激(はげ)しい論争をくり返している。

⇨ 그는 주도권 분쟁에 말려 들어갔다.

彼は主導権(しゅどうけん)争いに巻き込まれた。

⇨ 그 건에 대하여 토론이 행해지고 있다.

その件について討論が行われている。

18 넘어서다 : 越(こ)える, 越(こ)す, 切(き)り抜(ぬ)ける

⇨ 언덕을 넘어서다.

丘(おか)を越える。

⇨ 일의 고비를 넘어서다.

仕事のやまを越す。

⇨ 겨우 난국을 벗어났으니 잠시 한숨을 돌릴 수 있다.

ようやく難局(なんきょく)を切り抜けたから、あとひとふん
ばりだ。

19 도무지 : どうしても, 全(まった)く, 一向(いっこう)に, 皆目
(かいもく), さっぱり, まるっきり, とんと

⇨ 도무지 그 이름이 생각나지 않는다.

どうしてもその名前が思い出せない。

⇨ 도무지 반성의 빛이 없다.

全く反省(はんせい)の色がない。

⇨ 유행에는 도무지 관심이 없다.
流行には一向に無頓着(むとんじゃく)だ。

⇨ 도무지 짐작이 가지 않는다.
皆目見当りがつかない。

⇨ 할머니는 정치나 경제 등에는 도무지 관심이 없는 것 같다.
おばあちゃんは、政治や経済などにはさっぱり関心がないようだ。

⇨ 도무지 돼먹지 않았다.
まるっきり成(な)っていない。

⇨ 도무지 까닭을 모르겠다.
とんと訳(わけ)がわからない。

20 기고만장하다 : 意気上(いきあ)がる, 大(おお)いに気(き)を吐(は)く, 得意絶頂(とくいぜっちょう)だ

⇨ 원양 항해에 나가는 선단에는 기고만장한 젊은이들이 넘치고 있었다.
遠洋航海(えんようこうかい)に出かける船団(せんだん)には、意気上がる若者たちがあふれていた。

⇨ 그는 기고만장하여 승리를 군중 앞에서 자랑했다.
彼は大いに気が吐いて勝利(しょうり)を群衆(ぐんしゅう)の前で誇(ほこ)った。

⇨ 아시아 스포츠를 평정하자 뽐내는 기세가 대단한 일본이 축구에 '나카다'가 있다고 한다.
アジアスポーツを平定すると得意絶頂な日本がサッカーにナカダがあると言う。

21 광고 : 広告(こうこく), CM(シーエム), コマーシャル(commercial)

⇨ 최신형 자동차의 <u>광고</u>를 신문이나 잡지에 냈다.
　最新型自動車の<u>広告</u>を新聞や雑誌に出した。

⇨ 텔레비전 <u>광고</u>의 새로운 발상.
　テレビ<u>CM</u>の新しいコンセプト。

⇨ 이것은 텔레비전이나 라디오에서 방송되는 <u>광고</u>로 사용되는 노래이다.
　これは、テレビやラジオで放送される<u>コマーシャル(CM)</u>で使用される歌である。

⇨ 동화(動画)를 사용한 텔레비전 선전 <u>광고</u> 등 소비자 대응에 유연한 전략을 취하고 있다.
　アニメを使ったテレビ・<u>コマーシャル</u>など、消費者(しょうひしゃ)の対応(たいおう)にソフトな戦略(せんりゃく)をとっている。

22 매기다 : 課(か)する, 掛(か)ける, 付(つ)ける

⇨ 담배에 높은 세금을 <u>매기다</u>.
　たばこに高い税(ぜい)を<u>課(か)する</u>。

⇨ 수입품에 비싼 관세를 <u>매기다</u>.
　輸入品(ゆにゅうひん)に高い関税(かんぜい)を<u>掛ける</u>。

⇨ 그 상품에 싼 값을 <u>매겼다</u>.
　その商品(しょうひん)に安い値(ね)を<u>付けた</u>。

⇨ 시장에서는 항상 비싼 값을 매겨 거래된다.
　市場では常(つね)に高い<u>値を付け</u>、取引(とりひき)される。

일본어번역문 2-A

　今の日本は、たぶん世界最強の経済大国であり、迫って来る「太平洋の世紀」に指導的な役割を発揮しようと備えている。「この通り行けば日本は2010年たてば世界政治の主導的な力となろう」と予言する人もいる。日本だけではない。アジアNICS(新興工業国家群)と総称されるいわゆる韓国、台湾、シンガポール、ホンコン(香港)の成長も東アジアの経済的な重要性をもっと増す。そして経済的な眠りから覚めた過去の超大国の中国がある。

　アジアの台頭でアメリカは一百年以内に「巨大なオーストラリア」と化するかも知れない。アジアの台頭とそのアメリカへの挑戦はもう学術的な論争の範囲を越えた。全く争点を欠く去る選挙で、一人大いに気を吐く人は保護貿易主義者のG下院議員だけであった。彼は選挙の広告で'韓国の現代自動車に高率関税をかけろ'と主張していた。

일본어번역문 2-B

　今の日本は、恐らく世界最強の経済大国であり、きたるべき「太平洋の世紀」に指導的な役割を発揮しようと身構えている。「このまま行けば日本は2010年過ぎに世界政治の主導的な力となるだろう」と予言する人もいる。日本だけではない。アジアNICS(新興工業国家群)と総称されるいわゆる韓国、台湾、シンガポ

ール、香港の成長も東アジアの経済的な重要性をいや増す。
そして経済的な眠りから覚めたかつての超大国の中国がある。

　アジアの台頭でアメリカは一百年以内に「巨大なオーストラリ
ア」と化すかも知れない。アジアの台頭とそのアメリカへの挑戦
は、すでに学術的な論争の域を越えたのである。全く争点を欠
く去る選挙で、一人意気上がる人は保護貿易主義者のG下院
議員だけであった。彼は選挙の広告で'韓国の現代自動車に
高率関税をかけろ'と主張していた。

3

일본의 향기

일본인은 전통적으로 자극이 적고 청결 상쾌한 향기를 선호한다. 예를 들면 감귤계의 향기가 바로 그것이다. 자연과 조화된 향기를 소중히 여기는 기풍은 잔향(殘香)이나 꽃구경의 풍습을 발달시켰다. 창포탕 유자탕은 그 향기를 몸에 옮기기 위한 것이며, 꽃구경은 벚나무나 매화나무 아래에 앉아 향기를 몸 전체로 음미하는 것이다. 서구(西歐)나 중국에서는, 꽃을 아래에서 올려다보는 일본식 꽃구경은 이해하기 어려울 것이다.

같은 맥락에서 잔향에 대한 관심도 일본 특유의 것으로 생각된다. 서양의 향수는 본인이 사라지면 향기가 없어진다. 그러나 「겐지 모노가타리」 등에서 남성이 사용하는 유성(油性)의 향료는, 본인이 사라져도 그 체취와 섞여서 요염한 향기를 남긴다. 여성은 방 여기저기에 스며든 남성의 잔향을 즐겼던 것이다.

한자단어

- 전통 : 伝統(でんとう)
- 청결 : 清潔(せいけつ)
- 향기 : 香(かお)り, 匂(にお)い
- 감귤계 : 柑橘系(かんきつけい)
- 조화 : 調和(ちょうわ)
- 잔향 : 残り香(のこりが〜か)
- 풍습 : 風習(ふうしゅう)
- 창포탕 : 菖蒲湯(しょうぶゆ)
- 벚나무 : 桜(さくら)の木(き)
- 앉다 : 座(すわ)る
- 음미 : 吟味(ぎんみ)
- 올려다 보다 : 見上(みあ)げる
- 맥락 : 脈絡(みゃくらく)
- 특유 : 特有(とくゆう)
- 향수 : 香水(こうすい)
- 남성 : 男性(だんせい)
- 향료 : 香料(こうりょう)
- 요염하다 : 妖艶(ようえん)だ
- 여기저기 : 方々(ほうぼう)

- 자극 : 刺激(しげき)
- 상쾌하다 : 爽快(そうかい)
- 선호하다 : 選(よ)り好(この)む
- 자연 : 自然(しぜん)
- 기풍 : 気風(きふう)
- 꽃구경 : 花見(はなみ)
- 발달 : 発達(はったつ)
- 유자탕 : 柚子湯(ゆずゆ)
- 매화나무 : 梅(うめ)の木(き)
- 전체 : 全体(ぜんたい)
- 서구 : 西欧(せいおう)
- 이해 : 理解(りかい)
- 관심 : 関心(かんしん)
- 서양 : 西洋(せいよう)
- 본인 : 本人(ほんにん)
- 유성 : 油性(ゆせい)
- 체취 : 体臭(たいしゅう)
- 여성 : 女性(じょせい)

중요단어 및 어구

1 상쾌하다 : 爽快(そうかい)だ, 爽(さわ)やかだ

⇨ 기분이 상쾌해지다.
　気分(きぶん)がそうかいになる。
⇨ 5월의 상쾌한 바람이 불고 있다.
　五月のさわやかな風が吹いている。

2 향기 : 香(かお)り, いい匂(にお)い, 芳香(ほうこう)

⇨ 장미의 달콤한 향기.
　ばらのあまい香り。
⇨ 향기를 풍기다.
　いい匂いを漂(ただよ)わす。
⇨ 이 시는, 청춘의 모정과 감상이 융화되어 강한 향기를 발하고
　있다.
　この詩は、青春の慕情(ぼじょう)と感傷(かんしょう)とがと
　けあって高い芳香を放(はな)っている。
⇨ この辺(あた)りは、昔懐かしい下町(したまち)の匂いが漂(た
　だよ)う。
　이 근처는 그 옛날 그리웠던 서민 생활의 정취가 감돈다.

cf) 향기롭다 : 馨(かぐわ)しい, 匂(にお)いやかだ, 香(こう)ばし
　　　　　　い, 芳(かん)ばしい(「かぐわしい」의 변한 말)

⇨ 향기로운 꽃에 둘러 싸였다.
　馨しい花にかこまれた。
⇨ 부드러운 아침햇살, 향기로운 바람이 부는 오후, 반짝이는 거

리의 등불이 그림자를 만드는 풍경. [ホテルCM]

やさしい光の朝、かぐわしい風がふく午後、またたく街(まち)の灯(ひ)が陰影(いんえい)をつくる風景。

⇨ 해질녘의 향긋한 바람이 숲 사이로 불어왔다.

夕暮(ゆうぐ)れのにおいやかな風が森のなかに流れこんだ。

⇨ 홍차를 타니 고소한 향기가 감돌았다.

紅茶をいれたら香ばしい香りが漂(ただよ)ってきた。

⇨ 이번의 시험성적은 바람직스럽지 않는 점수이다.

今度の試験の成績はかんばしくない点数である。

⇨ 서리가 많을수록 빨간 단풍은 아름다우며, 겨울의 추위가 매서울수록 매화꽃은 향기롭다. (젊을 때의 고생은 사서도 해라.)

霜(しも)がきびしいほどもみじの赤が美しく、冬の寒さがきついほど梅の花がかんばしい。(若い時の苦労は買うてでもせよ)

3 선호하다 : 選(よ)り好(この)む, 選(え)り好む, 好(この)む

⇨ 저 사람은 상대방을 너무 고르기 때문에 결혼상대가 없다.

あのひとは相手(あいて)をよりごのみするから縁遠(えんどお)い。

⇨ 음식을 선호하다.

食物(しょくもつ)をえりごのむ。

⇨ 스포츠, 특히 축구는 내가 가장 좋아하는 것입니다.

スポーツ、特にサッカーはわたしの最も好むことです。

4 바로 : 正(まさ)に, ちょうど, すなわち, まさしく, 直(ただ)ちに

⇨ 바로 일석이조다.

まさに一石二鳥(いっせきにちょう)だ。

⇨ 바로 그 때에.

ちょうどその時に。

⇨ 조금 정도는 괜찮다는 기분, 이것이 바로 방심이라는 것이다.

少しぐらいならだいじょうぶだろうという気持ち、これが<u>す</u>
<u>なわち</u>ゆだんと言うものだ。

⇨ 바로 내가 잃어버린 그 시계다.

<u>まさしく</u>私のなくしたその時計だ。

⇨ 방 앞에서 바로 바다가 펼쳐진다.

部屋の前から<u>直ちに</u>海が広がる。

5 조화되다 ： 調和(ちょうわ)する，釣(つ)り合(あ)う，似合(に
あ)う，均衡(きんこう)を保(たも)つ，バランスを
保つ

⇨ 이 기모노에 이 허리띠는 잘 어울린다.

この着物にこの帯(おび)はよく<u>調和</u>している。

⇨ 윗도리와 넥타이 색깔이 잘 어울린다.

上着とネクタイの色がよく<u>つりあう</u>。

⇨ 스웨터를 사 입었지만 거기에 맞는 치마가 없다.

セーターを買ってもらったけれど、それに<u>似合う</u>スカートがない。

⇨ 선과 악의 균형을 유지하기 위해 힘을 쏟아 넣고 있다.

善(ぜん)と悪(あく)の<u>均衡を保つ</u>ために力を注(そそ)いでいる。

⇨ 갖가지의 생물이 일정한 밸런스를 유지해 생활하고 있는 환경
을 파괴한 것은 인간이다.

さまざまな生物が一定(いってい)の<u>バランスを保って</u>生活し
ている環境(かんきょう)を破壊(はかい)したのは人間だ。

6 소중하다 : 大切(たいせつ)だ, 重要(じゅうよう)だ, 大事(だいじ)だ, 貴重(きちょう)だ

⇨ 이것은 소중한 편지이기 때문에 잊지 말고 건네주세요.
　これは大切な手紙ですから、わすれずに渡(わた)して下さい。

⇨ 당신같이 무책임한 사람에게 중요한 일을 맡길 수 없다.
　あなたみたいに無責任(むせきにん)な人に、重要な仕事を任(まか)せるわけにはいかない。

⇨ 나는 돈보다 시간을 더 소중하게 생각한다.
　私はお金より時間をもっと大事だと思う。

⇨ 고전은, 귀중한 문화유산이며 우리들 마음의 고향이기도 하다.
　古典(こてん)は、貴重な文化遺産(いさん)であり、わたしたちの心のふるさととでもある。

7 풍습 : 風習(ふうしゅう), 風俗(ふうぞく), 習(なら)わし, 仕来(しきた)り

⇨ 귀찮은 풍습을 버리고 합리적인 생활을 한다.
　めんどうな風習をやめて合理的(ごうりてき)な生活をする。

⇨ 그 춤은 옛날 풍습 그대로의 옷을 입고 추는 것입니다.
　そのおどりはむかしの風俗そのままの着物でおどるものです。

⇨ 옛날부터 내려온 풍습은 뿌리깊이 박혀 있다.
　むかしからのならわしは根づよいものだ。

⇨ 설날에 3일 쉬는 것이 이 나라의 풍습입니다.
　正月(しょうがつ)に三日やすむのがこの国のしきたりです。

⇨ 젊은 두 사람은 옛날부터 내려오는 관례를 어겼다.
　若い二人は古くからの仕来りを破(やぶ)った。

8 몸 전체 : 全身(ぜんしん), 全体(ぜんたい), 体ごと, 身内(み

うち)

➡ 추워서 <u>온몸</u>이 떨린다.

　寒くて<u>全身</u>が震(ふる)える。

➡ 뻐근한 <u>전신</u>을 주물러서 풀다.

　<u>全体</u>の凝(こ)りを揉(も)んでほぐす。

➡ 일본인은 <u>몸 전체</u>로 향기를 음미한다.

　日本人は<u>体ごと</u>に匂(にお)いを味(あじ)わう。

➡ 하루 종일 비가 와서 <u>온 전신</u>이 쑤신다.

　一日中雨が降っていて<u>みうち</u>がうずいている。

➡ 잔인한 이야기로 <u>온몸</u>이 오싹했다.

　残忍(ざんにん)な話で<u>身内</u>がぞくぞくした。

cf) ~와 함께, ~채, 모두, 전부 : ~ごと, ~とも

➡ 차에 탄 <u>채로</u> 페리보트를 타다.

　車<u>ごと</u>フェリーボートに乗り込む。

➡ 고양이는 생선 <u>채로</u> 먹는다.

　ねこは魚の骨(ほね)<u>ごと</u>食べる。(= といっしょに)

➡ 만나는 사람 <u>모두</u>에게 웃는 얼굴을 한다.

　会う人<u>ごと</u>に笑顔(えがお)をふりまく。

➡ 물품의 대금은 운송료<u>와 함께</u> 8000엔이다.

　物品の代金(だいきん)は送料(そうりょう)<u>とも</u>八千円になり

　ます。

➡ 용의자는 말을 계속 안하고 있기 때문에, 씨명, 연령 <u>모두</u> 확

　실하지 않다.

　容疑者(ようぎしゃ)は黙秘(もくひ)を続けているため、氏名

　(しめい)年齢(ねんれい)<u>とも</u>に不明(ふめい)だ。

9 음미하다 : 吟味(ぎんみ)する, 玩味(がんみ)する, 味(あじ)わう

⇨ 시를 음미하면서 읽다.
　　詩をぎんみしながら読む。

⇨ 셰익스피어의 작품을 음미한다.
　　シェークスピアの作品(さくひん)を熟読(じゅくどく)がんみする。

⇨ 이 문장은 음미할 정도로 의미가 깊다.
　　この文はあじわうほど意味が深くなる。

⇨ 승리의 쾌감을 맛보다.
　　勝利(しょうり)の快感(かいかん)を味わう。

10 ～기 어렵다 : (접미)～にくい, ～がたい(= ～するのは難しい、なかなか～することが出来ない)

⇨ 물에 녹기 어려운 세제.
　　水に溶(と)けにくい洗剤(せんざい)。

⇨ 값이 비싼 물건이라 처분하기 어렵다.
　　値(ね)の張(は)る品(しな)なので、さばきにくい。

⇨ 수분을 흡수하기 어려운 토질.
　　水分を吸収(きゅうしゅう)しにくい土質(どしつ)。

⇨ 내일 귀국하지만, 사이가 좋아진 친구들과 이별하기 어려운 기분 가득하다.
　　明日帰国(きこく)するが、仲良くなった友達と別れがたい気持で一杯だ。

11 맥락(연관) : 脈絡(みゃくらく), 繋(つな)がり

⇨ 그 문제는 문화적인 맥락에서 생각해야 한다.
　　その問題は文化的な脈絡から考えなければならない。

⇨ 경찰은 최근에 일어난 일련의 사건을 같은 <u>맥락</u>으로 파악하고
있었다.

警察は最近起こった一連の事件を同じ<u>脈絡</u>にしてとらえて
いた。

⇨ 그녀는 자주 <u>연관</u>이 없는 이야기를 하기 시작했다.

彼女はよく<u>脈絡</u>のない話をし始めた。

⇨ 말의 의미는 전후의 <u>연관</u>을 보지 않으면 이해하기 어렵다.

言葉(ことば)の意味は前後(ぜんご)の<u>つながり</u>を見ないと分
(わ)かりにくい。

12 사라지다 : 消(き)える, 消え失(う)せる, 去(さ)る, 消尽(しょ
うじん)する

⇨ 덧없는 목숨이 이슬로 <u>사라지다</u>.

はかない命(いのち)が露(つゆ)と<u>消える</u>。

⇨ 달이 구름 속으로 <u>사라졌다</u>.

月が雲の中に<u>消えた</u>。

⇨ 범인은 안개 속으로 유유히 <u>사라져</u> 버렸다.

犯人は霧(きり)の中にゆうゆうと<u>消えて</u>しまった

⇨ 희미하게 <u>사라지다</u>.

おぼろおぼろに<u>消え失せる</u>。

⇨ 바람과 함께 <u>사라지다</u>.

風と共(とも)に<u>去りぬ</u>。

⇨ 기력이 <u>소진됐다</u>.

気力(きりょく)が<u>消尽した</u>。

13 없어지다 : 無(な)くなる, 亡(な)くなる(=「死ぬ」よりも<u>やや婉
曲にいう語</u>)

⇨ 금고의 보석이 없어졌다.

金庫の宝石(ほうせき)が<u>無く</u>なっている。

⇨ 모든 희망이 <u>없어졌다</u>.

すべての希望が<u>なくな</u>った。

⇨ <u>돌아가신</u> 어머니가 이렇게 말씀하셨습니다.

<u>亡くなっ</u>た母がこう申(もう)しました。

14 섞이다 : 混(ま)じる(5단), 混(ま)ざる

⇨ 물과 기름은 <u>섞이지</u> 않는다.

水と油は<u>混じ</u>らない。

⇨ 이번에 일본에 갈 학생 중에는, 여학생도 조금 <u>끼어</u> 있습니다.

今度日本へ行く学生の中には、女の学生も少し<u>混じっ</u>ています。

⇨ 3반은 남학생과 여학생이 <u>섞여</u> 있는 학급입니다.

3組(ぐみ)は男生徒と女生徒が<u>混ざっ</u>ているクラスです。

⇨ 여자가 열 명 정도 <u>섞여있는</u> 학급입니다.

女子が十人ほど<u>混ざっ</u>ているクラスです。

cf) 混(ま)ぜる : (他)섞다, 혼합하다

⇨ 米に麦を<u>まぜて</u>食べる。

쌀에 보리를 섞어 먹다.

⇨ 철과 황산을 섞으면 수소가 발생한다.

鉄(てつ)と硫酸(りゅうさん)を<u>混ぜる</u>と、水素(すいそ)が発生してくる。

15 요염하다 : 妖艶(ようえん)だ, 艶(あで)やかだ, 艶(なまめ)かしい, 艶(つや)っぽい, あだっぽい, 色っぽい, セクシーだ(= sexy)

⇨ 그녀의 자태는 매우 <u>요염해서</u> 남자들이 시선을 떼지 못했다.

彼女の姿態(したい)は非常に<u>妖艶で</u>男たちが目をはなすことができなかった。

⇨ 모란꽃이 <u>요염하게</u> 피어있다.

ぼたんの花が<u>あでやかに</u>さいている。

⇨ 기생의 자태가 <u>요염하다</u>.

芸者(げいしゃ)の姿態が<u>なまめかしい</u>。　　… 촉각적, 직접적

⇨ 彼女とは大変親しいが<u>つやっぽい</u>関係ではない。

그녀와는 매우 가깝지만 그런 사이는 아니다.

⇨ 저 여자는 <u>요염한</u> 데가 있다.

あの女は<u>あだっぽい</u>ところがある。

⇨ 그녀의 눈매는 실로 <u>요염하다</u>.

彼女の目つきはじつに<u>色っぽい</u>。　　… 시각적·추상적

⇨ そのファッションモデルは<u>セクシーな</u>ポーズだった。

그 패션모델은 섹시한 포즈를 취했다.

16 스며들다(배다) ：<u>染(し)みる</u>, <u>染み入(い)る</u>(5단), <u>染み込(こ)む</u>,
　　　　　　　　　　<u>染みわたる</u>, <u>滲(にじ)む</u>, 浸透(しんとう)する

⇨ 기름 냄새가 옷에 <u>스며들다</u>.

油のにおいが着物に<u>染みる</u>。

⇨ 눈에 <u>스며드는</u> 듯한 바다의 푸르름.

目に<u>染み入る</u>ような海の青さ。

⇨ 뼈 속까지 <u>스며드는</u> 추위.

体の髄(ずい)まで<u>しみこむ</u>寒さ。

⇨ 마음에 <u>스며드는</u> 외로움.

心に<u>染みわたる</u>わびしさ。

⇨ 이 작품에는 그의 노력이 <u>배여</u> 있다.

この作品にはかれの努力が<u>滲ん</u>でいる。

⇨ 빗물이 땅에 <u>스며들다</u>.

雨水(あまみず)が地(ち)に<u>浸透する</u>。

17 즐기다 : 楽(たの)しむ, 好(この)む, 嗜(たしな)む, 嗜好(しこう)する, 好(す)く (주로 수동·부정형으로 사용)

⇨ 탐정 소설이 2,3권 있으면 지금부터 1주간은 즐길 수 있다.
　　探偵(たんてい)小説が2,3冊あればこれから1週間は<u>楽しめる</u>。

⇨ 술도 담배도 <u>좋아하지</u> 않는다.
　　酒もたばこも<u>たしなまない</u>。

⇨ 민물고기의 산뜻한 맛을 <u>즐기다</u>.
　　川魚(かわうお)のたんぱくな味を<u>好む</u>。

⇨ 그가 <u>즐겨하는</u> 것은 좀 별난 데가 있다.
　　彼の<u>しこうする</u>ところはすこし変(かわ)っている。

⇨ 남에게 <u>호감을 살</u> 성품이다.
　　人に<u>好かれる</u>質(たち)だ。

⇨ 음악을 그렇게 <u>즐기지</u> 않는다.
　　音楽(おんがく)はさほど<u>好か</u>ない。

일본어번역문 3-A

　日本人は伝統的に刺激が<u>少なくてきれいで爽快な香りを選り</u>
<u>好みする</u>。たとえば、<u>柑橘類の香り</u>が正にそれである。自然と
<u>釣り合った香りを重要にする</u>気風は、<u>残り香か花見のしきたりを発</u>
達させた。菖蒲湯・柚子湯はその香りを<u>身</u>に移すためのもの
で、花見では桜の木<u>とか</u>梅の木の下に座って香りを<u>全身で</u>味わ
うのである。西欧とか中国では、花は下から<u>見上げる</u><u>日本式</u>の

花見は分りにくいだろう。

　同じ脈絡で残り香に対する関心も日本の特有のことであると思われる。西洋の香水は本人が消えると香りがなくなる。しかし「源氏物語」などから男性が使う油性の香料は、本人が消えてもその体臭と混じって艶かしい香りを残す。女性は部屋のあちこちに浸透した男性の残り香を好んだのである。

일본어번역문 3-B

　日本人は伝統的に刺激の少ない清潔で爽やかな匂いを好む。例えば、柑橘系の匂いが正にそれである。自然と調和した匂いを大切にする気風は、残り香や花見の風習を発達させた。菖蒲湯・柚子湯は、その匂いを体に移すためのもので、花見では桜や梅の木の下に座って、香りを体ごとに味わうのである。西欧や中国では、花を下から見上げる日本流の花見は理解しがたいであろう。

　同じく残り香への関心も日本特有のものと思われる。西洋の香水は、本人がいなくなると匂いが消える。しかし、「源氏物語」などで男性が用いる油性の香料は、本人が去ってもその体臭と混ざり合って艶かしい匂いを残す。女性は部屋のあちこちに染み込んだ男性の残り香を楽しんだのである。

세계의 경제와 환경

최근 수년간 많은 나라가 과거와는 전혀 다른 길을 걷기 시작했다. 유럽은 1992년의 통합을 향하여 움직이기 시작했고, 소련은 페레스트로이카를 시작했다. 일본은 저축형에서 내수확대형 경제로의 전환을 기도하고 있다. 캐나다는 미국과 자유무역협정을 체결하고 새로운 국면을 맞으려 하고 있다. 1989년은 결정적인 해가 될 것이다. 이런 움직임 가운데 몇 가지가 성공을 거둘지 볼만하다.

우리가 다음 세대에게 남겨 주려고 하는 환경은 그들의 생활을 위협하는 것이 되고 있다. 이러한 사실을 우리의 아이들이 자각하였을 때, 그들은 우리가 가장 두려워하는 혁명을 위하여 떨쳐 일어날 것이다. 오존층의 파괴나 산성비 같은 오염은 이 지구 위에서 핵의 재난보다 훨씬 무서운 참사를 일으키는 생명에의 위협이다. 우리가 살아가는 방법을 크게 고치지 않는 한, 인류의 파멸은 착착 진행되어 가기 때문이다.

한자단어

- 최근 : 最近(さいきん)
- 과거 : 過去(かこ), かつて
- 저축형 : 貯蓄型(ちょちくがた)
- 확대형 : 拡大型(かくだいがた)
- 자유 : 自由(じゆう)
- 협정 : 協定(きょうてい)
- 국면 : 局面(きょくめん)
- 성공 : 成功(せいこう)
- 환경 : 環境(かんきょう)
- 자각 : 自覚(じかく)
- 파괴 : 破壊(はかい)
- 오염 : 汚染(おせん)
- 핵 : 核(かく)
- 생명 : 生命(せいめい)
- 파멸 : 破滅(はめつ)
- 착착 : 着々(ちゃくちゃく)

- 수년간 : 数年間(すうねんかん)
- 통합 : 統合(とうごう)
- 내수 : 内需(ないじゅ)
- 전환 : 転換(てんかん)
- 무역 : 貿易(ぼうえき)
- 체결 : 締結(ていけつ)
- 결정적 : 決定的(けっていてき)
- 세대 : 世代(せだい)
- 위협 : 脅威(きょうい)
- 혁명 : 革命(かくめい)
- 산성비 : 酸性雨(さんせいう)
- 지구 : 地球(ちきゅう)
- 재난 : 災難(さいなん), 災厄(さいやく)
- 참사 : 惨事(さんじ)
- 인류 : 人類(じんるい)
- 진행 : 進行(しんこう)

중요단어 및 어구

1 과거 : 過去(かこ), 昔(むかし), かつて

⇨ 과거를 청산하다.
過去を清算(せいさん)する。
⇨ 지금은 먼 과거의 일이 되다.
今は遠い昔のこととなる。
⇨ 일찍이 그런 경험도 했다.
かつてそういう経験もした。
⇨ 그런 일은 일찍이 들어 본 일이 없다.
そんなことはかつて聞かぬ。

cf) いわく(曰く) : 가라사대, 왈, 이유, 사정, 과거
⇨ 공자 가라사대. 공자 왈. 성서에서 가라사대.
孔子(こうし)いわく。聖書にいわく。
⇨ 그녀는 이유가 있을 듯한 눈매로 그를 보았다.
彼女はいわくありげな目付(めつ)きで彼を見た。
⇨ 사정은 복잡해서 뭐라고 말하기 힘들다.
事情(じじょう)は複雑(ふくざつ)でいわく言いがたし。
⇨ 과거가 있는 여자.
いわく付(つ)きの有る女。

2 전혀 : ぜんぜん, 全(まった)く

⇨ 나는 어릴 때부터 매우 건강해서, 지금까지 전혀 병이 난 적
이 없다.
私は小さいときからたいへん丈夫で、今まで全然病気をした
ことがない。

⇨ 이런 지도는 <u>전혀</u> 쓸모없다. 더 자세한 지도를 주세요.
こんな地図(ちず)は<u>全く</u>役に立たない。 もっと詳(くわ)しい
地図をください。

3 걷다 : 歩(ある)く, 進(すす)む, 歩(あゆ)む

⇨ 역에서 학교까지 <u>걸어서</u> 가다.
駅から学校まで<u>歩</u>いて行く。
⇨ 성공일로를 <u>가다</u>.
成功一路(せいこういちろ)を<u>進む</u>。
⇨ 해결을 향해 한 걸음 <u>나아가다</u>.
解決(かいけつ)に向(む)かって一歩(いっぽ)<u>歩む</u>。
⇨ 문득 <u>걸음</u>을 멈추고 길가의 꽃을 땄다.
ふと<u>歩み</u>を止(と)めて、道端(みちばた)の花を摘(つ)み取った。

4 ~하기 시작하다 : V의 連用形 + かける, だす, はじめる

⇨ 책을 <u>읽기 시작</u>했는데, 친구가 놀러왔다.
本を読み<u>かけ</u>たら、友達があそびに来た。
⇨ 갑자기 비가 <u>오기 시작</u>했다.
急に雨が降り<u>だし</u>た。
⇨ 수영은 언제부터 <u>배우기 시작</u>하면 좋을까요?
水泳(すいえい)はいつごろから習い<u>はじめ</u>たらよいでしょうか。

5 향하다 : 向(む)かう(自), 目指(めざ)す(他), 赴(おもむ)く

⇨ 오사카로 <u>향하는</u> 열차 안에서 친구를 만났다.
大阪へ<u>向かう</u>列車の中で友達に会った。
⇨ 정상을 <u>향하여</u> 오르다.

頂上(ちょうじょう)をめざして登(のぼ)る。

⇨ 다리가 향하는 대로 해안을 산책했다.

足の赴くままに海岸を散歩した。

6 기도하다(도모하다) ： 図(はか)る, 企(たくら)む, 企図(きと)す
る, 企(くわだ)てる, 目論(もくろ)む

⇨ 학문의 진보를 도모하다.

学問の進歩(しんぽ)をはかる。

⇨ 거기에 어떠한 죄악이 기도되고 있는지 귀를 기울였다.

そこに如何(いか)なる罪悪(ざいあく)が企まれつつあるかに
耳を傾けた。

⇨ 혁명을 기도하다.

革命(かくめい)を企図する。

⇨ 타나카씨는 지금 그 연구의 공업화를 꾀하고 있다.

田中さんは今その研究の工業化を企てている。

⇨ 그는 뭔가 좋지 않은 일을 꾀하고 있는 것 같다.

彼は何かよからぬことをもくろんでいるらしい。

7 체결하다(맺다) ： 締結(ていけつ)する, 結(むす)ぶ

⇨ 우리나라는 미국과 강화 조약을 체결했다.

我(わ)が国は米国と講和条約(こうわじょうやく)を締結した。

⇨ 외국의 모든 나라로부터 개국을 강요당한 도쿠가와 막부는, 결
국 미일화친조약을 체결했다.

諸外国(しょがいこく)に開国を迫(せま)られた徳川幕府(とく
がわばくふ)は、ついに日米和親(にちべいわしん)条約を結ん
だ。

⇨ 도쿄－고오베 사이를 잇는 간선철도를 건설하는 것을 정식으

로 결정했다.

東京－神戸間を結ぶ幹線(かんせん)鉄道を建設することを正式に決定した。

8 새롭다 : 新しい, 新(あら)ただ

⇨ 그 사건은, 아직도 사람들의 기억에 새롭다.

　その事件(じけん)は、まだ人々の記憶(きおく)に新しい。

⇨ 개수가 진행되고 있던 역전 상가는 이번 3월 단장도 새롭게 하여 개장했다.

　改修(かいしゅう)が進んでいた駅前の商店街(しょうてんがい)は、この三月装(よそお)いも新たにオープンした。

9 결정적인 것(중요한 국면) : 正念場(しょうねんば), 決定的(けっていてき)なこと, 瀬戸際(せとぎわ), 峠(とうげ)

⇨ 한국의 이천십년은 결정적인 해가 될 것이다.

　韓国の2010年は正念場の年になるだろう。

⇨ 지금이 이기느냐 지느냐의 갈림길이다.

　いまが勝(か)つか負(ま)けるかの瀬とぎわだ。

⇨ 여기가 사느냐 죽느냐 갈림길이다.

　ここが生きるか死ぬかの瀬戸際だ。

⇨ 우리들 일은 고비를 넘겼다.

　我々の仕事は峠を越した。

⇨ 그 환자의 병은 고비를 넘겨 차도를 보이고 있다.

　その患者の病気は峠を越して快方(かいほう)に向かっている。

cf)「正念場」는「중요한 국면」을 뜻하는데 원래 가부키에서 배우

가 실수해서는 안 되는「제일 중요한 장면」을 말한다. 일이 막다른 곳으로 몰림을 말할 때도 쓰고「性根場(しょうねば)」라고도 한다. (= 歌舞伎などで、主人公がその役の本質的性根を発揮させる最も重要な場面。性根場。その人の真価を問われる大事な場面。重要な局面。重大な時、一(いち)か八(ぱち)かの事態、本来「正念」は仏教語で、悟りにいたるまでの基本的な実践目得「八正道(はっしょうどう)」のひとつ。そこから、「正しい心」「正気」が必要な場面を「正念場」と言うようになった。= a crucial moment)

⇨ 드디어 <u>결정적인 국면</u>을 맞이한다.

　いよいよ<u>正念場</u>を迎える。

⇨ 앞으로의 일 년이 <u>중대한 국면</u>이다.

　これからの一年が<u>正念場</u>だ。

⇨ 지금이 교섭의 가장 <u>중요한 고비</u>다.

　いまが交渉(こうしょう)の<u>しょうねんば</u>だ。

⇨ 급속한 경제 악화에 의해서, 지금부터 버블 붕괴 때와 같은 실직, 정리해고, 취직난 등이 염려됩니다. 정말로 <u>중차대한 고비</u>라는 기분으로 맞서나가지 않으면 안 된다.

　急速な経済悪化によって、これからバブル崩壊時のような失職、リストラ、就職難などが懸念されます。まさに、<u>正念場</u>という気持ちで立ち向かっていかなければならない。

10 거두다 : 収(おさ)める, 取(と)り入(い)れる, 取り立(た)てる

⇨ 훌륭한 성공을 <u>거두</u>었다.

　見事(みごと)な成功を<u>収めた</u>。

⇨ 벼를 <u>거두다</u>.

　稲(いね)を<u>取り入れる</u>。

⇨ 세금을 <u>거두다</u>.

　税金(ぜいきん)を<u>取り立てる</u>。

cf) 引(ひ)き取(と)る : 인수하다, 물러나다, 거두다, 죽다

⇨ 불량품을 인수하다.

不良品を引き取る。

⇨ 부디 그만 돌아가 주십시오.

どうかおひきとり下さい。

⇨ 고요히 숨을 거두다.

ひっそりと息(いき)を引き取る。

11 볼만하다 : 見ものだ, 見る価値(かち)がある, 見がいがある,
見ごたえがある, 見るに値(あたい)する, 見るだ
けの値打(ねう)ちがある

⇨ 그들 둘의 싸움은 볼만하다.

彼ら二人のけんかは見ものだ。

⇨ 9시 TV 뉴스는, 「새로운」면에서 볼만하다.

九時のテレビニュースは, 「新しい」というところに見る価値
がある。

⇨ 이 뮤지컬 「맘마미아」은 볼만한 연극이다.

このミュージカル「マンマ・ミーア」は見がいがある演劇で
ある。

⇨ 윔블던 테니스 대회는 볼만한 스포츠이다.

ウィンブルドンテニス大会は見ごたえのあるスポーツである。

⇨ 어른이 볼만한 영화만을 모아 자세하게 스토리를 해설했다.

大人が見るに値する映画だけを集めて詳しくストーリーを解
説した。

⇨ 그 외 가 볼만한 지역은 캘리포니아 대학 샌디에고 학교입니다.

その他行って見るに値する地域はカリフォルニア大学サン
ディエゴ校です。

⇨ 상연되고 있는 오페라는 매우 볼만한 것이 될 것 같습니다.

上演(じょうえん)されているオペラはとても見がいがあるこ

とになる気がします。

⇨ 무나카타 시코의 판화는 정말로 볼만하다.
   棟方志功(むなかたしこ)の版画(はんが)は本当に見るだけの
   値打ちがある。

12 위협하다 : 脅威(きょうい)する, 脅(おびや)かす, 威嚇(いか
         く)する, 脅(おど)かす, 凄(すご)む

⇨ 이 나라는 세계평화에 대하여 위협하고 있다.
   この国は世界平和に対して脅威している。

⇨ 우리들 인류의 평화를 위협하는 것은, 그것이 무엇이든 허용할
   수 없다.
   わたしたち人類(じんるい)の平和を脅かすものは、それが何
   であれ、許(ゆる)すことはできない。

⇨ 독수리는 바위 위에서 위협하듯이 주위를 내려다 봤다.
   ワシ(鷲)は、岩の上から威嚇するように、あたりを見おろした。

⇨ 선량한 사람을 위협하여 돈을 빼앗다.
   善良(ぜんりょう)な人をおどかして金を取る。

⇨ 불이야 하고 외치고서 놀라게 하고는 재미있어 한다.
   火事(かじ)だと叫(さけ)んで、人をおどかしては面白がって
   いる。

⇨ 강도는 칼을 내 보이며, 돈을 내 놓으라고 위협했다.
   強盗(ごうとう)は包丁(ほうちょう)をちらつかせて、金を出
   せとすごんだ。

13 ~고 있다 : V의 連用形 + つつある(동작의 계속)

⇨ 지금 배는 항구를 향해 전진하고 있다.
   いま船は港(みなと)に向かって進みつつある。

⇨ 현대는 TV의 보급, 교통의 발달 등으로 인하여, 사투리는 사
라지고 있는 것 같다.

現代はTVの普及(ふきゅう)、交通(こうつう)の発達などによ
り、方言(ほうげん)が消(き)え<u>つつある</u>ようである。

14 자각하다 : 自覚(じかく)する, 目覚(めざ)める, <u>目を覚(さ)ます</u>

⇨ 자기의 결점을 <u>자각하다</u>.

自分の欠点(けってん)を<u>自覚する</u>。

⇨ 배가 부르자 한 번에 어젯밤부터의 피로가 온 몸에 <u>느껴졌다</u>.

腹(はら)が充(み)たされると、一度(いちど)に昨夜(さくや)か
らの疲労(ひろう)が全身(ぜんしん)に<u>目覚めた</u>。

⇨ 시끄러운 소리에 <u>잠을 깨다</u>.

騒(さわ)がしい音(おと)に<u>目を覚ます</u>。

15 두려워하다 : 恐(おそ)れる, 敬(うやま)い畏(おそ)れる, 怖(こ
わ)がる

⇨ 실패를 <u>두려워해서는</u> 아무 것도 할 수 없어.

失敗(しっぱい)を<u>恐れ</u>ていては、何もできないぞ。

⇨ 신을 <u>두려워하는</u> 것을 모르다.

神(かみ)を<u>敬い畏れる</u>ことを知らない。

⇨ <u>무서워해서는</u> 매단 다리(적교)를 건널 수 없어.

<u>怖がっ</u>ていてはつり橋は渡れないよ。

16 떨쳐 일어나다 : 立(た)ち上(あ)がる

⇨ 친구들의 격려로 슬픔으로부터 <u>떨쳐 일어나는</u> 것이 가능했다.

友だちのはげましによって、悲しみから<u>立ち上がる</u>ことがで

きた。

⇨ 군사 정권 타도를 구호로 마침내 노동자 대중이 **떨쳐 일어났다**.
　　軍事政権打倒(ぐんじせいけんだとう)を合(あ)い言葉につい
　　に労働者大衆(ろうどうしゃたいしゅう)が<u>立ち上がった</u>。

cf) (이름을 날려) 떨치다 : 鳴(な)らす, とどろかす(他), とどろく(自)

　⇨ 운동가로서 **떨치다**.
　　運動家として<u>鳴らす</u>。
　⇨ 명성을 **떨치다**.
　　名声(めいせい)を<u>とどろかす</u>。
　⇨ 명성이 전국에 **떨치다**.
　　名声が全国(ぜんこく)に<u>とどろく</u>。

17 무섭다 : 恐(おそ)ろしい, 怖(こわ)い, ひどい, 不気味(ぶぎ
　　　　み)だ(= 何となく不安で恐ろしいさま)

⇨ 이 영화에는 <u>무서운</u> 장면이 자주 나오고 있다.
　　この映画には<u>恐ろしい</u>場面(ばめん)がよく出ている。
⇨ 그에게는 <u>무서운</u> 사람이 없다.
　　彼には<u>怖い</u>人がいない。
⇨ <u>무서운</u>(지독한) 추위에 모두들 놀라고 있다.
　　<u>ひどい</u>寒さにみんなおどろいている。
⇨ 사방은 <u>으스스하리만큼</u> 매우 조용했다.
　　辺(あた)りは<u>不気味に</u>静(しず)まり返(かえ)っていた。

cf) 恐(おそ)るべき + N : 무서운, 가공할만한, 대단한
　⇨ 지금은 <u>무서운</u>(위험한) 상황에 직면해 있지 않습니다.
　　今は<u>恐るべき</u>危機(きき)に臨(のぞ)んでいません。
　⇨ '아우슈비치'라고 하면, 나치에 의한 <u>무서운</u> 대학살이 행해진

곳이다.

‘アウシュビッツ’といえば、ナチスによる恐るべき大虐殺(だいぎゃくさつ)が行われた所である。

⇨ 가공할 전염병이 유행하고 있다.

おそるべき伝染病(でんせんびょう)がはやっている。

⇨ 핵폭탄은 참으로 가공할 만하다.

核爆弾(かくばくだん)はまことに恐るべきだ。

⇨ 아인슈타인은 대단한 능력의 소유자입니다.

アインシュタインはおそるべき才能(さいのう)の持主(もちぬし)です。

18 살아가는 방법 : 生(い)き方(かた), 暮(く)らし方

⇨ 그 동물학자는, 개미의 살아가는 방법에 대하여 탐구하고 있다.

その動物学者は、アリの暮らし方について探究(たんきゅう)している。

⇨ 세상에서 진실하게 살아간다는 것은 멋있지만, 그것은 결코 편안한 삶의 방법이라고 할 수 없다.

この世(よ)で真実(しんじつ)に生きることはすばらしいが、それは決して楽(らく)な生き方とは言えない。

19 고치다 : 改(あらた)める, 直(なお)す, 正(ただ)す, 変(か)える, 治(なお)す

⇨ 규칙을 고치다.

規則(きそく)を改める。

⇨ 결점을 고치다.

欠点(けってん)を直す。

⇨ 자세를 고치다.

姿勢(しせい)を正す。

⇨ 방향을 고치다.

方向(ほうこう)を変える。

⇨ 위장병을 고치다.

胃腸病(いちょうびょう)を治す。

cf) 繕(つくろ)う ： 수선하다, 고치다 (= 衣服などの破れ損じたところ
を直す)

⇨ 여동생은 바지 찢어진 곳을 수선하고 있다.

妹はズボンのかぎ裂(ざ)きを繕っている。

⇨ 요즈음 구멍 난 양말을 꿰매어 신는 것은 좀처럼 하지 않는다.

最近は、穴(あな)の開(あ)いたくつしたを繕ってはくような
ことは、あまりしなくなった。

20 착착 : 着々(ちゃくちゃく), 着実(ちゃくじつ)に

⇨ 7월 말경부터 축제 준비는 착착 진행되고 있다.

七月の終わりごろから、祭りの準備は着々進められている。

⇨ 후반에 들어와서도 우리 팀은 착실히 득점을 보탰다.

後半にはいってからも、味方(みかた)チームは着実に得点を
重(かさ)ねた。

일본어번역문 4-A

　最近数年間多くの国が過去とはまったく違う道を歩みだした。
ヨーロッパは1992年の統合に向かって動き始め、ソ連はペレスト
ロイカを始めた。日本は貯蓄型から内需拡大型の経済への転
換を企てている。カナダは米国と自由貿易協定を締結し、新しい
局面を迎えようとしている。1989年は決定的な年になるであろう。
これらの動きのうち、いくつが成功を収めるか見る価値がある。

　我々が次の世代に残してやろうとしている環境は彼らの生活を
脅威するものとなっている。この事実をわれらの子供たちが目覚
めた時、彼らは我々が一番恐れるような革命のために立ち上が
るであろう。オゾン層の破壊や酸性雨のような汚染はこの地球
上で核の災難より、はるかに恐ろしい惨事を起こす生命への脅
威である。我々が生き方を大きく変えない限り、人類の破滅は
着々進んで行くからである。

일본어번역문 4-B

　最近数年間多くの国が<u>かつて</u>とはまったく違う道を<u>歩み始め</u>
<u>た</u>。ヨーロッパは1992年の統合をめざして<u>動き出し</u>、ソ連はペレ
ストロイカに<u>踏み出した</u>。日本は貯蓄型から内需拡大型経済へ
の転換を<u>図</u>っている。カナダは<u>アメリカとの間</u>に自由貿易協定を
<u>結び</u>、<u>新た</u>な局面を迎えようとしている。1989年は<u>正念場の年</u>に
なるであろう。これらの動きのうち、いくつが成功を収めるか<u>見も</u>
<u>の</u>である。

　我々が次の世代に<u>残そうとしている</u>環境は、彼らの生活を<u>脅</u>
<u>かすものとなりつつある</u>。この事実をわれらの子供たちが<u>自覚した</u>
<u>時</u>、彼らは我々が<u>最も</u>恐れるような革命のために立ち上がるで
あろう。オゾン層の破壊や酸性雨のような汚染は、この地球上
で<u>核の災厄</u>よりもはるかに<u>恐るべき</u>惨事を<u>引き起こす</u>生命への脅
威である。我々が生き方を大きく<u>改めない限り</u>、人類の破滅は
<u>着実に</u>進んで行くからである。

홍콩의 존재와 중국

스위스의 어떤 은행 조사로는, 홍콩 시민의 노동시간은 연간 2천6백27시간으로, 세계의 대도시 중에서는 가장 많다고 한다. 신문팔이가 길가에 진열하는 신문은 실로 68종. 그 신문들에 실린 구인광고는 종종 100페이지가 넘는다. 너무 바빠서 일손이 부족할 뿐 아니라, 실업율 1.6%의 거의 완전고용이다.

중국에 반환되는 1997년 이후 홍콩의 자치가 얼마만큼 인정될 것인지 아직 분명치 않다. 등소평-조자양의 개방정책이 진척되고 있다고 해도 재산가에게는 사회주의 체제에 대한 불신감이 강하다. 반환교섭이 난항을 거듭하던 82년부터 84년에 걸쳐, 투자의욕이 쇠퇴하였으며 홍콩 증권거래소의 한센 지수도 낮은 수준에서 헤매었다.

중국으로의 반환을 사업기회로 포착하여 돈벌이를 하려고 하는 사람들도 많다. 정치적으로 홍콩은 중국에 귀속되지만, 경제적으로는 홍콩이라는 작은 용이 중국이라는 큰 용을 삼키려고 하는 기세이다.

한자단어

- 은행 : 銀行(ぎんこう)
- 노동 : 労働(ろうどう)
- 신문팔이 : 新聞売り子(しんぶんうりこ)
- 구인광고 : 求人広告(きゅうじんこうこく)
- 완전고용 : 完全雇用(かんぜんこよう)
- 자치 : 自治(じち)
- 조자양 : 趙紫陽(チョウシヨウ)
- 정책 : 政策(せいさく)
- 사회주의 : 社会主義(しゃかいしゅぎ)
- 불신감 : 不信感(ふしんかん)
- 반환교섭 : 返還交渉(へんかんこうしょう)
- 의욕 : 意欲(いよく)
- 증권 : 証券(しょうけん)
- 지수 : 指数(しすう)
- 귀속 : 帰属(きぞく)
- 사업기회 : 事業機会(じぎょうかい)
- 조사 : 調査(ちょうさ)
- 대도시 : 大都市(だいとし)
- 길가 : 道端(みちばた)
- 실업율 : 失業率(しつぎょうりつ)
- 이후 : 以後(いご)
- 등소평 : 鄧小平(トウショウヘイ)
- 개방 : 開放(かいほう)
- 재산가 : 財産家(ざいさんか)
- 체제 : 体制(たいせい)
- 투자 : 投資(とうし)
- 난항 : 難航(なんこう)
- 홍콩 : 香港(ホンコン)
- 거래소 : 取引所(とりひきじょ)
- 수준 : 水準(すいじゅん)
- 작은 용 : 小竜(しょうりゅう)
- 큰 용 : 大竜(だいりゅう)

중요단어 및 어구

1 ~팔이 : ~売り子(うりこ)，~売(う)り

⇨ 신문팔이. 新聞売り子。
⇨ 약장수. 薬売り。
⇨ 엿장수. 飴(あめ)売り。
⇨ 아르바이트로 신문팔이를 할 예정이다.
　バイトで新聞売りをするつもりだ。

2 길가 : 道端(みちばた)，路傍(ろぼう)，路辺(ろへん)

⇨ 길가에 서 있는 나무는 이국적이다.
　道端に立っている木は異国的(いこくてき)だ。
⇨ 이름도 모르는 길가의 풀도, 작고 귀여운 꽃을 피우고 있다.
　名(な)も知(し)らぬ路傍の草も、小さなかわいらしい花を咲かせている。
⇨ 나는 길가에 조그마한 장미가 피어 있는 것을 보았다.
　私は路辺に小さい薔薇が咲いているのを見た。[ウェーバー歌曲集]
⇨ 핑크색의 깨끗한 들꽃이 길가에 잘 어울리는 지진공원, 1m정도의 연어가 헤엄치는 강.
　ピンク色の綺麗な野花(のばな)が路辺に映(は)える地震公園、1m位の鮭が泳ぐ川。[アラスカ旅]

3 진열하다 : 陳列(ちんれつ)する，並べる，並(なら)べ立(た)てる，連(つら)ねる，配列(はいれつ)する，羅列(られつ)する

⇨ 쇼 윈도우에 구두가 진열되어 있다.

ショーウィンドーにくつが陳列されている。

⇨ 과일이 가지런히 놓여있다.

果物が並べてある。

⇨ 불평을 차례차례 말하다.

不平(ふへい)を並べる。

⇨ 학생은 자신이 학교에 대해 품고 있는 불만을 하나하나 늘어
놓았다.

生徒は、自分が学校に対して抱(いだ)いている不満(ふまん)
を並べ立てた。

⇨ 새빨간 거짓말을 늘어놓아 속이려고 하다니, 그렇게는 안 되지.

うそ八百(はっぴゃく)を並べ立ててごまかそうったって、そ
うはいかないぞ。

⇨ 미사여구를 늘어놓고 그녀의 비위를 맞추다.

美辞麗句(びじれいく)をつらねて彼女の機嫌(きげん)を取る。

⇨ 메이커별로 상품을 배열하다.

メーカー別に商品を配列する。

⇨ 그는 자신의 장점을 늘어놓은 후 들려주었다.

彼は自分の長所(ちょうしょ)を羅列して聞かせた。

---

4 실로(참으로) : 実(じつ)に, ほんとうに, 実際(じっさい)

⇨ 실로 어려운 일이었다.

実にむずかしいことであった。

⇨ 이번 여행은, 정말로 힘들었어요.

このたびは、本当に大変でしたねえ。

⇨ 네가 말한 대로 실로 그때는 너무 놀라 무얼 이야기했는지 생
각나지 않아.

きみの言う通り、実際あの時は気が動転(どうてん)してい
て、何を話したか覚えていないんだ。

5 실리다 : 載(の)せられる, 積(つ)まれる, 載(の)る

⇨ 나의 수필이 잡지에 <u>실렸다</u>.
　私の随筆(ずいひつ)が雑誌に<u>載せられ</u>た。

⇨ 많은 짐이 화차에 <u>실렸다</u>.
　多くの荷物(にもつ)が貨車(かしゃ)に<u>積まれ</u>た。

⇨ 화재 기사가 <u>실렸다</u>.
　火事(かじ)の記事(きじ)が<u>載っ</u>た。

cf) 載せる : (他)올려놓다, 계략을 세우다, 적어 넣다, (음악에) 맞
　　　　　　추다, (수레나 배에) 싣다

⇨ 물건을 선반 위에 <u>올려놓다</u>.
　物をたなに<u>のせる</u>。

⇨ 보기 좋게 <u>속았다</u>.
　見事(みごと)に<u>のせ</u>られた。

⇨ 기록에 <u>올리다</u>.
　記録に<u>のせる</u>。

⇨ 샤미센에 <u>맞추어</u> 인형을 춤추게 하다.
　三味線(しゃみせん)に<u>のせ</u>て人形をおどらせる。

⇨ 수레에 짐을 <u>싣다</u>.
　車に荷物を<u>のせる</u>。

6 종종 : しばしば, ときどき, 度々(たびたび)

⇨ 봄이 오자 <u>종종</u> 비가 내린다.
　春になると<u>しばしば</u>雨がふる。

⇨ <u>종종</u> 그와 만날 기회가 있다.
　<u>ときどき</u>彼と会う機会(さかい)がある。

⇨ 어머니가 편찮으시기 때문에, 종종 학교를 쉬고, 동생을 돌보

거나 집안일을 하지 않으면 안 된다.

母が病気(びょうき)なので、度々学校を休んで、弟妹(ていまい)の世話(せわ)や家事(かじ)をしなければならない。

⇨ 몇 번이나 주의했는데 들어주지 않는다.

たびたび注意したが聞き入れない。

7 넘다 : 過(す)ぎる, 超(こ)える, 越(こ)える

⇨ 장난이 좀 도가 넘지(지나치지) 않니?

ちょっといたずらが過ぎるんじゃないの。

⇨ 12시를 넘었다.

12時を過ぎた。

⇨ 강당에 들어온 사람이 250명을 넘었다.

講堂に入った人が二百五十人を超えた。

⇨ 산을 넘고 골짜기를 넘었다.

山を越え、また谷(たに)を越えた。

⇨ 옆 나라 군대가 국경을 넘었다는 정보가 들어왔다.

隣国(りんごく)の軍隊(ぐんたい)が国境(こっきょう)を越えたという情報(じょうほう)が入(はい)ってきた。

8 일손 : 労働力(ろうどうりょく), 人手(ひとで), 働手(はたらきて)

⇨ 중국은 노동력이 풍부하다.

中国は労働力が豊富(ほうふ)だ。

⇨ 농번기에는 매우 일손이 부족하다.

農繁期(のうはんき)にはとても人手が足りない。

⇨ 타로는 가게점원 중에서 제일의 일꾼입니다.

太郎どんはお店の丁稚(でっち)たちの中でも一番の働き手です。

cf) 人手(ひとで) : 남의 손, 사람의 솜씨, 타인, 남의 도움, 일손

⇨ 남의 손에 넘겨지다.

　　人手に渡(わた)る。

⇨ 도저히 사람의 솜씨라고는 생각되지 않는다.

　　とても人手の技(わざ)とは思えない。

⇨ 남의 도움을 빌리다.

　　人手をかりる。

⇨ 일손이 없다.

　　人手が無い。

cf) 人手にかかる(살해당하다)

⇨ 동네일을 맡아보는 사람이 누군가에게 살해당했다고 한다.

　　町の世話役(せわやく)が人手にかかって死んだという。

9 부족하다 : 不足(ふそく)だ, 物足(ものた)りない, 足(た)りない, 乏(とぼ)しい

⇨ 수면이 부족하다.

　　睡眠(すいみん)が不足だ。

⇨ 어딘가 부족한 점이 있다.

　　どこか物足りない点がある。

⇨ 아직 연구가 좀 부족하다.

　　まだ一工夫(ひとくふう)が足りない。

⇨ 자원이 부족한 나라.

　　資源(しげん)に乏しい国。

cf) 不足(ふそく) : 부족

⇨ 실력부족. 実力不足(じつりょくぶそく)。

⇨ 수면부족. 睡眠不足(すいみんぶそく)。

⇨ 아무런 부족함도 없는 생활.

何の<u>不足</u>もない生活。
⇨ 식량부족으로 굶어죽을 지경이다.

食糧(しょくりょう)<u>不足</u>で干乾(ひぼ)しになりそうだ。

10 반환하다 : 返還(へんかん)する, 返(かえ)す, 済(な)す

⇨ 우승기를 <u>반환하다</u>.

優勝旗(ゆうしょうき)を<u>返還</u>する。

⇨ 차액을 <u>반환하다</u>.

差額(さがく)を<u>返す</u>。

⇨ 그 드레스는 원주인에게 <u>되돌려졌다</u>.

そのドレスは元の主人に<u>かえ</u>された。

⇨ 모든 빚을 <u>갚다</u>.

すべての借金(しゃっきん)を<u>済す</u>。

⇨ 그는 <u>반환점</u>을 통과했다.

彼は<u>折り返</u>(おりかえ)し点を通過(つうか)した。

cf) 戻(もど)す : 반환하다, 뒤쪽으로 가게 하다, 토해내다
⇨ 다 사용한 책은 원래 있던 책꽂이로 갖다 놓아 주세요.

使いおわった本は本だなのもとの所に<u>もど</u>しなさい。

⇨ 자동차를 조금 <u>후진시키면</u> 좋았다.

自動車を少し<u>もど</u>せばよかった。

⇨ 환자는 먹은 것을 전부 다 <u>토해</u>버렸다.

病人(びょうにん)は食べたものを全部<u>もど</u>してしまった。

11 얼마만큼(얼마나) : どのぐらい, いくら, どれだけ, どれほど,
いかほど

⇨ <u>얼마만큼</u> 차지할 것인가?

どのぐらい占(し)めるべきか。

⇨ 골판지 개수는 얼마나 있습니까?

ダンボールの数はいくらありますか。

⇨ 돈이 얼마나 있는가?

金がどれだけあるか。

⇨ 얼마나 기다렸는지 모른다.

どれほど待ったか知れない。

⇨ 얼마나 고민했던가.

いかほど悩(なや)んだことだろう。

12 인정하다 : 認(みと)める, 認定(にんてい)する

⇨ 나는 선생님께 인정받아 기뻤다.

私は先生に認められてうれしかった。

⇨ 오늘 누나에게 채용을 인정하는 내용의 통지서가 도착했다.

今日姉に採用(さいよう)を認定する旨(むね)の通知(つうち)が届(とど)いた。

13 분명(확실)치 않다 : 不明(ふめい)だ, 明(あき)らかでない, 確(たしか)でない

⇨ 의미가 분명치 않다.

意味があきらかでない。

⇨ 확실하지 않은 것이 있으면 언제라도 문의해 주세요.

不明なところがありましたら、いつでも問(と)い合(あ)わせくださいませ。

⇨ 모험이란, 성공이 확실하지 않은 위험을 범하는 것, 위험한 장소에 가는 것, 몸을 의지하며 미지의 세계로 밟고 들어가는 것입니다.

冒険(ぼうけん)とは、成功のたしかでない危険をおかすこと、危険な場所に行くこと、身を寄せることであり、未知の世界に踏み入ることであります。[神の冒険]

14 진척되다 : 捗(はかど)る, 進(すす)む, 運(はこ)ぶ

⇨ 지금 하는 일이 잘 진척되지 않는다.
　いまの仕事がよく捗らない。
⇨ 밤샘 공사를 진척시키다.
　夜通(よどお)し工事(こうじ)を進ませる。
⇨ 공사가 순조로이 진척되다.
　工事が順調(じゅんちょう)に運ぶ。

15 재산가 : 財産家(ざいさんか), 資産家(しさんか), 金満家(きんまんか)

⇨ 세계에서 제일의 재산가이다.
　世界で一番の財産家だ。
⇨ 친구는, 중국에 있는 자산가의 아들로 돈에 풍족한 남자였다.
　友達は、中国のある資産家の息子(むすこ)で金に不自由(ふじゆう)のない男であった。
⇨ 이 마을 제일 부자는 나의 아버지였다.
　この町(まち)随一(ずいいち)の金満家は私の父だった。

16 거듭하다 : 重(かさ)ねる(他), 続(つづ)ける

⇨ 고생을 거듭해서 병이 들어버렸다.
　苦労(くろう)を重ねて病気になってしまった。
⇨ 학자들이 지진 예지 문제에 관하여 토의를 거듭하고 있다.

学者たちは地震予知(じしんよち)の問題に関して、議論を<u>続</u>
<u>け</u>ている。

cf) 거듭되다 : 重(かさ)なる(自), 度重(たびかさ)なる
⇨ 탈선 사고가, <u>거듭되어</u> 일어났기 때문에 사장은 책임을 지고
사임했다.
脱線事故(だっせんじこ)が、<u>重</u>なって起こったために社長
は責任をとって辞任(じにん)した。
⇨ 그는 <u>거듭되는</u> 불행에도 꺾이지 않았다.
彼は<u>度重なる</u>不幸にも屈(くっ)しなかった。

cf) 거듭, 재차 : 重(かさ)ねて
⇨ <u>거듭</u> 사례하다.
<u>重ねて</u>お礼を言う。
⇨ <u>재차</u> 편지 올립니다.
<u>重ねて</u>お手紙をさし上げます。
⇨ 내의를 한 벌 더 <u>다시</u> 껴입다.
下着(したぎ)をもう一枚<u>かさねて</u>着る。

17 쇠퇴하다 : 衰(おとろ)える, 廃(すた)れる

⇨ 나라가 <u>쇠퇴하다</u>.
国が<u>衰える</u>。
⇨ 유행이 <u>쇠퇴하다</u>.
流行(りゅうこう)が<u>廃れる</u>。

18 낮은 수준에서 헤매다(감돌다, 맴돌다) : 低迷(ていめい)する

⇨ 전운이 감돌다.

戦雲(せんうん)が<u>低迷する</u>。

⇨ 우리 집에는 지금 암운이 돌고 있다

　我が家には今、暗雲が<u>低迷している</u>

⇨ 우리 학교 축구부는 이번 시즌도 일승일패로 변함없이 하위를
　맴돌았다.

　わが校サッカー一部は今シーズンも一勝一敗(いっしょういっ
　ぱい)、相変わらず下位に<u>低迷</u>している。

⇨ 최근 야구 인기가 <u>침체하고 있는데</u>, 그것은 '교진'전의 시청률
　이 떨어졌기 때문이다.

　さいきん野球人気が<u>低迷</u>しているが、それは巨人戦(きょじ
　んせん)の視聴率が落ちたからだ。

cf) 헤매다 ： <u>さ迷(まよ)う</u>, <u>うろつく</u>, <u>落(お)ち着(つ)かない</u>, <u>心
　　　　　　がふわふわだ</u>, <u>漁(あさ)る</u>, <u>放浪(ほうろう)する</u>, <u>流
　　　　　　(なが)れ歩く</u>, <u>漂(ただよ)う</u>

　⇨ 첫 날은 어느 교실인지 틀림없이 <u>헤맬</u> 것이다.

　　最初の日はどの教室かきっと<u>さまよう</u>だろう。

　⇨ 정처 없이 거리를 <u>헤매다</u>.

　　当(あ)てどもなく町(まち)を<u>うろつく</u>。

　⇨ 어떤 것을 택할지 <u>헤매다</u>(갈피를 못 잡다).

　　どれを選ぶべきか心が<u>落ち着かない</u>。

　⇨ 선택을 <u>망설이다</u>.

　　選択に<u>心がふわふわだ</u>。

　⇨ 고서나 새로운 자료를 찾아 <u>헤매다</u>.

　　古本や新しい資料(しりょう)を<u>漁る</u>。

　⇨ 환락가를 <u>헤매다</u>.

　　歓楽(かんらく)の巷(ちまた)を<u>放浪する</u>。

　⇨ 전국을 <u>헤매다</u>.

　　全国を<u>流れ歩く</u>。

　⇨ 그 빵집주인은 빈틈없는 궁극의 맛을 추구하기 위해 전국을

떠돌아 다닌다.

そのパンやさんはすきのない究極(きゅうきょく)の味を追求
するため全国を流れ歩く。

⇨ 회견은 시종 온화한 분위기가 감돌았다.

会見(かいけん)は終始(しゅうし)和(なご)やかな雰囲気が
漂った。

19 포착하다(잡다) : 捕(とら)える, 捕捉(ほそく)する

⇨ 경찰관이 도둑을 잡았다.

警官が泥棒(どろぼう)を捕えた。

⇨ 좋은 기회를 포착하여(잡아) 외국으로 갔다.

よい機会を捕えて外国に行った。

⇨ 포착하는(받아들이는) 방식차이로 같은 것이 다르게 해석된다.

とらえた方(かた)の違いで同じものが違って解釈(かいしゃ
く)される。

⇨ 적을 해상에서 포착하다.

敵(てき)を海上(かいじょう)で捕捉する。

⇨ 그 뜻은 포착하기 어렵다.

その意味は捕捉し難い。

20 돈벌이하다(돈을 벌다) : 金(かね)もうけする, もうけする, もう
ける, 金もうけになる, 稼(かせ)ぐ

⇨ 일하지 않고 돈버는 사람도 있다.

働かないでお金もうけする人もいる。

⇨ 저 사람은 돈을 잘 번다.

あの人は金もうけがうまい。

⇨ 주식거래로 꽤 돈을 벌었다.

株式相場(そうば)でたいぶもうけた。

⇨ お金を稼ぐために毎日汗水(あせみず)たらして働いてきた。
돈을 벌기 위해 매일 땀을 뻘뻘 흘리며 일해 왔다.

⇨ じっとしていることもときには金もうけになるんだぞ。
가만히 있으면 때로는 돈벌이가 되지.

21 귀속하다 ： 帰属(きぞく)する，付属(ふぞく)する，直属(ちょ
くぞく)する

⇨ 수입은 국고에 귀속한다.
収入(しゅうにゅう)は国庫(こっこ)に帰属する。

⇨ 그녀의 재산은 나라에 귀속될 것이다.
彼女の財産は国に帰属することになろう。

⇨ 귀속재산. 帰属財産。

⇨ 영토의 귀속문제. 領土の帰属問題。

⇨ 대학에 부속하는 연구기관.
大学に付属する研究機関(けんきゅうきかん)。

⇨ 대표적인 국립대학에 부속하는 중학교.
代表的な国立大学に附属する中学校。

⇨ 내각에 직속된 기관.
内閣(ないかく)に直属する機関。

⇨ 위원회에 직속하는 사무국을 2009년 1월에 설치했다.
委員会に直属する事務局を2009年1月に設置した。

22 삼키다 ： 飲(の)み込(こ)む，飲(の)み下(くだ)す

⇨ 침을 삼키다.
つばを飲み込む。

⇨ 약을 물로 삼킨다.

くすりを水で飲みこむ。

⇨ 목에 잔뼈가 찔리면 밥을 삼키면 된다.

のどに小骨(こぼね)がささったらごはんを飲み込むとよい。

⇨ 남동생은 먹기 어려운 가루약을 오블라토에 싸서 삼킨다.

弟は食べにくい粉薬をオブラートに包んで飲み下す。

cf) 이해하다 : 飲(の)み込(こ)む, (N)飲(の)み込(こ)み

⇨ 그 사람의 성격을 잘 알고 있다.

あの人の性格をよく飲みこんでいる。

⇨ 쉽게는 수긍이 안 된다.

すんなりとはのみこめない。

⇨ 이 아이는 이해가 빠르다.

この子はのみこみが早い。

⇨ 속단은 실패한다.

早(はや)のみこみは失敗(しっぱい)する。

⇨ 이 말의 뉘앙스는 이해하기 어렵다.

このことばのニュアンスはのみこみにくい。

23 기세 : 勢(いきお)い, 気勢(きせい), 意気込(いきこ)み

⇨ 기세가 등등하다.

勢いが激(はげ)しい。

⇨ 기세가 오르다.

気勢が上(あ)がる。

⇨ 당당한 기세가 꺾이다.

堂々(どうどう)たる気勢が殺(そ)がれる。

⇨ 시작부터 하고자 하는 마음가짐이 다르다.

始めから意気込みが違う。

cf) 勢(いきお)い : 충만한 모습, 원기, 물건이 움직일 때의 힘, 세력

　⇨ 과학은 20세기가 되어서 대단한 기세로 발달했다.

　　科学は20世紀になってからひじょうな勢いで発達した。

　⇨ 무서운 기세로 달리다.

　　すごい勢いで走る。

　⇨ 날카로운 기세로 공격하다.

　　鋭(するど)い勢いで攻(せ)めたてる。

　⇨ 로켓은 대단한 기세로 날아갔다.

　　ロケットはすごい勢いでとんでいった。

　⇨ 세력 있는 사람에게 복종하다.

　　勢いのある人に服従(ふくじゅう)する。

cf) 勢(いきお)い : (副)자연스럽게, 당연히 (= その時のなりゆきで, 必
　　　　　　　　　　　　　然的に)

　⇨ 그 자리의 분위기에서 자연스럽게 그렇게 대답하지 않을 수
　　없었다.

　　その場の雰囲気から勢いそう答えざるをえなかった。

　⇨ 비싸니까 당연히 안 팔리게 된다.

　　高いからいきおい売れなくなる。

　⇨ 인구는 증가하지만 토지는 늘어나지 않는다. 당연히 토지의
　　가격은 올라가게 된다.

　　人口(じんこう)が増(ふ)えるのに土地(とち)は増えない。勢
　　い土地の値段は高くなる。

일본어번역문 5-A

　スイスのある銀行の調査では、ホンコン市民の労働時間は年間二千六百二十七時間であり、世界の大都市の中では一番多いという。新聞売り子が道ばたに陳列する新聞は実に68類。その新聞に載せられた求人広告は時々100ページも過ぎる。あまりにも忙しくて人手が足りないだけでなく失業率1.6パーセント、ほとんど完全雇用である。

　中国にもどされる1997年以後どのぐらい自治がホンコンに認定されるのかまだ明らかではない。鄧小平-趙紫陽の開放政策が捗っているといっても財産家には社会主義的制度にたいする不信感が強い。返還交渉が難航をつづけた82年から84年までにわたって、投資の意欲が衰えてホンコンの証券取り引き所のハンセン指数は低い水準でさまよった。

　中国への返還を事業の機会に捕えてもうけしようとする人たちも多い。政治的にはホンコンは中国に帰属されるが、経済的にはホンコンという小さなドラゴンが中国という大きいドラゴンを飲みこもうとする気勢である。

일본어번역문 5-B

　スイスのある銀行の調査では、香港市民の労働時間は年間
二千六百二十七時間で、世界の大都市の中では一番長いと
いう。新聞売り子が道端に並べる新聞は実に六十八紙。その
新聞に載せられた求人広告はしばしば百ページを超える。忙し
過ぎて人手が足りないばかりでなく失業率1.6%、ほぼ完全雇用
である。

　中国に返還される1997年以降、どれだけの自治が香港に認
められるのか、まだ不明である。鄧小平・趙紫陽の開放政策
が進んでいるといっても、資産家には社会主義体制への不信感
が強い。返還交渉が難航を重ねた82年から84年までにかけ、投
資意欲が衰えて香港証券取引所のハンセン指数は低迷した。

　中国への返還をビジネス・チャンスとして捕え、もうけようとする
人も多い。政治的には香港は中国に帰属するが、経済的には香
港という小竜が中国という大竜を飲みこもうとする勢いなのである。

일본인의 개인주의적 변화

일본은 부유해졌으며, 생활양식도 젊은 층을 중심으로 개인주의적으로 되었는데, 이런 변화는 일본을 전에 없는 수평사회로 만들고 있는 것 같다. 총체적으로 생활수준은 예전보다 훨씬 좋아졌고, 언뜻 보기에는 변한 것 같지만 일본의 체제 그 자체가 변한 것은 아니다.

특히 젊은 층은 훨씬 자유로워졌다. 가령, 이전에는 직업 변경이 어려웠으나 지금은 젊은이의 전직 기회가 흔하다. 그만큼 선택의 자유를 얻은 셈이다. 그러나 중년이 된 후의 전직은 여전히 어렵고, 대다수의 기업에서는 중년층을 채용하려고 하지 않는다. 그것은, 사원을 자체에서 훈련시키기에도 젊은이 쪽이 훨씬 쉽기 때문이다.

최근 일본에는 개인주의가 대두하여 집단의식이 희박해지기 시작했다고 흔히 말하고 있지만, 그렇게는 생각되지 않는다. 개인이 전직을 한다든지 자기 의견을 표명할 수 있는 상황이 되었다고 본다. 옛날 같으면 신출내기 사원이 자기 의견을 거침없이 말할 수 있는 분위기는 아니었으나 지금은 그것도 허용되는 것이다. 요즘 젊은이는 인사도 깍듯이 하지 않는다. 다시 말하면 분위기가 변한 것이지 사회구조가 변한 것은 아니다. 변한 것처럼 보이는 것은 표면적인 스타일이나 행동양식이다.

한자단어

- 생활양식 : 生活様式(せいかつようしき)
- 개인주의 : 個人主義(こじんしゅぎ)
- 수평 : 水平(すいへい)
- 수준 : 水準(すいじゅん)
- 자체 : 自体(じたい)
- 전직 : 転職(てんしょく)
- 대다수 : 大多数(だいたすう)
- 채용 : 採用(さいよう)
- 대두 : 台頭(たいとう)
- 의식 : 意識(いしき)
- 표명 : 表明(ひょうめい)
- 분위기 : 雰囲気(ふんいき)
- 구조 : 構造(こうぞう)
- 행동 : 行動(こうどう)

- 젊은 층 : 若者(わかもの)
- 변화 : 変化(へんか)
- 총체적 : 総体的(そうたいてき)
- 체제 : 体制(たいせい)
- 변경 : 変更(へんこう)
- 선택 : 選択(せんたく)
- 중년층 : 中年層(ちゅうねんそう)
- 훈련 : 訓練(くんれん)
- 집단 : 集団(しゅうだん)
- 의견 : 意見(いけん)
- 상황 : 状況(じょうきょう)
- 허용 : 許容(きょよう)
- 표면적 : 表面的(ひょうめんてき)

중요단어 및 어구

1 부유하다 : 豊(ゆた)かだ, 富裕(ふゆう)だ, 富(と)む

⇨ <u>부유한</u> 집에서 태어났다.
　<u>豊かな</u>家に生まれた。
⇨ <u>부유한</u> 가정.
　<u>富裕な(富んだ)</u>家庭。
⇨ <u>부유층</u>.
　<u>富んだ</u>階級(かいきゅう)。

cf) 유복하다 : 裕福(ゆうふく)だ
⇨ 그는 <u>유복한</u> 가정의 삼남으로 태어났다.
　彼は<u>裕福な</u>家庭の三男(さんなん)に生まれた。

2 젊은층, 젊은이 : 若(わか)い層(そう), 若者(わかもの), 若手
　　　　　　　　　 (わかて), 若人(わこうど), 年若(としわか)

⇨ <u>젊은층</u>이 좋아하는 셔츠.
　<u>わかい層</u>の好むシャツ。
⇨ <u>젊은이</u>는, 이 아름다운 여성을 한번 보고 좋아하게 되었다.
　<u>若者</u>は、この美しい女性を一目見て好きになった。
⇨ 최근 <u>젊은</u> 작가들이 연이어 우수한 작품을 발표하고 있다.
　近年、<u>若手</u>の作家たちが、次々に優(すぐ)れた作品を発表し
　ている。
⇨ 나라를 위해 많은 <u>젊은이</u>가 목숨을 바쳤다.
　国(くに)のために多くの<u>若人</u>がいのちを捧(ささ)げた。
⇨ 회관에서는, 마을에 남아 농업에 종사하는 <u>젊은이</u> 모임이 행해
　졌다.

会館では、村に残って農業(のうぎょう)に従事(じゅうじ)する<u>若人</u>の集(つど)いが行われた。

⇨ 얼굴이 동안이기 때문에 <u>젊은이</u>로 보인다.

童顔(どうがん)のため<u>年若</u>に見られる。

3 전에 없는 (일찍이 없는) : かつてない, かつて〜ない (일찍이〜없다)

⇨ 이제껏 <u>일찍이 없었던</u> 대 사건.

いままで<u>かつてなかった</u>大事件(だいじけん)。

⇨ 1988년 열린 서울 올림픽은, 한국에 있어서 <u>전에 없는</u> 큰 행사였다.

一九八八年に開かれたソウルオリンピックは、韓国における<u>かつてない</u>大きい催(もよお)しだった。

⇨ <u>일찍이 없는</u> 불황에서는, <u>전에 없는</u> 혁신이 나온다. <u>전에 없는</u> 혁신에서는, <u>전에 없는</u> 비약이 나온다. [松下幸之助翁]

<u>かつてない</u>不況からは、<u>かつてない</u>革新が生まれる。<u>かつてない</u>革新からは、かつてない飛躍が生まれる。

⇨ <u>전에는</u> 세계 제일의 매출을 자랑하던 그 회사도 지금은 그 모습이 <u>없다</u>.

<u>かつては</u>世界一の売(う)り上(あげ)を誇(ほこ)ったその会社も、いまはその面影(おもかげ)は<u>ない</u>。

4 예전, 옛날 : 一昔(ひとむかし), 以前(いぜん), 昔日(せきじつ), 往時(おうじ)

⇨ 저 팀, <u>예전</u>보다는 강해졌다.

あのチーム、<u>一昔</u>よりは強くなった。

⇨ 이 강도 <u>예전</u>에는 고기가 많이 잡히는 깨끗한 강이었어요.

この川も、<u>以前</u>は魚がたくさんとれるきれいな川でした。

⇨ 지난날의 부귀는 일장춘몽. [= 虛(むな)しい栄華(えいが)]

　昔日の富貴(ふうき)は一場(いちじょう)の春夢(しゅんむ)。

⇨ 이 거리는 예전의 모습이 남아있지 않다.

　この町(まち)には昔日の面影(ものかげ)がない。

⇨ 옛날과 같은 융성은 바랄 수 없다.

　おうじのような隆盛(りゅうせい)は望(のぞ)めない。

⇨ 예전에 즐비했던 집들은 지금은 없어졌다.

　往時しっぴしていた家々(いえいえ)は今なくなった。

5 언뜻 보기에 : (부)一見(いっけん), ちらりと, ちらっと

⇨ 언뜻 보기에 배우같다.

　一見役者(やくしゃ)のようだ。

⇨ 얼핏(힐끗) 보고 알아채다.

　ちらりと見て取る。

⇨ 사람들이 붐비는 속에 그녀의 얼굴이 얼핏 보였다.

　人ごみの中に彼女の顔がちらっと見えた。

cf) 一見(いっけん) : (N)한번 봄

　⇨ 백문이 불여일견이다.

　　百聞(ひゃくぶん)を一見に如(し)かず。[ことわざ, 漢書] (= 人か
　　ら何度も聞くより, 一度実際に自分の目で見るほうが確かであり, よくわ
　　かる。)

6 자체 : N + 自体(じたい), N + そのもの

⇨ 그 생각 자체가 어리석다.

　その考え自体が愚(おろ)かだ。

⇨ 그 자체의 무게로 넘어지다.

　それ自体の重(おも)さで倒(たお)れる。

⇨ 사소한 소문을 문제시하는 것 자체가 우습다.

つまらぬ噂(うわさ)を取り上げること自体がおかしい。

⇨ 계획 자체에는 비난의 여지가 없다.

計画(けいかく)自体には非難(ひなん)の余地(よち)が無い。

⇨ 그의 인품은 성실 바로 그것이다.

彼の人柄(ひとがら)は誠実(せいじつ)そのものだ。

cf) 自(みずか)ら : 스스로, 몸소, 자기 자신 = 自分自身(じぶんじしん)

⇨ 몸소 손을 대다.

自ら手をくだす。

⇨ 스스로 자진해서 일을 하다.

自ら進んで事をする。

⇨ 그것은 그 자신이 초래한 재난이다.

それは自ら招(まね)いた災(わざわ)いだ。

⇨ 자신을 속이지 않다.

自らを欺(あざむ)かない。

7 훨씬 : ずっと, はるかに, ぐっと

⇨ 토끼는 거북이보다 훨씬 빨리 달린다.

兎(うさぎ)は亀(かめ)よりずっと速く走る。

⇨ 이쪽이 훨씬 우수하다.

こちらの方がはるかにすぐれている。

⇨ 훨씬 돋보인다.

ぐっと引き立つ。

⇨ 교통사고가 올해는 훨씬 줄었습니다.

交通事故(こうつうじこ)が今年はぐっと減(へ)りました。

8 가령 : たとえ, 仮(かり)に, 例(たと)えば

⇨ 가령 네 말이 사실이라 하자. 그래도 아무런 변명이 안된다.

　たとえ君のことばが真実(しんじつ)だとしよう。それでも何
　の弁明(べんめい)にもならない。

⇨ 가령 그것이 그렇다 치더라도.

　仮にそれがそうだとしても。

⇨ 몸에 해로운 것은, 예를 들면 담배 등이다.

　体に害(がい)のあるものは、たとえばタバコなどである。

9 흔하다 : 有(あ)り触(ふ)れている, ふんだんだ

⇨ 젖먹이에게 흔한 병이다.

　乳(ち)飲み子に有り触れた病気だ。

⇨ 평범한 것은 재미가 없다.

　有り触れたものでは面白(おもしろ)くない。

⇨ 충분한 군사자금.

　ふんだんな軍資金(ぐんしきん)。

⇨ 흥청망청 쓰다.

　ふんだんに使う。

10 ～ㄴ 셈이다 : ～わけだ, ～ことになる

⇨ 결국 그의 노력은 실패한 셈이다.

　結局彼の労力(ろうりょく)は失敗したわけだ。

⇨ 집에서 나올 때 천 원을 가지고 나왔으니 결국 오늘은 9천원
　을 번 셈이다.

　家を出るとき千ウォンもっていたから、結局、今日は九千
　ウォンを稼(かせ)いだことになる。

11 여전히 : 相変(あいか)わらず, 従前(じゅうぜん)どおり, 依然(いぜん)として, なお(猶), やはり, 従来(じゅうらい)どおり

⇨ 그는 여전히 가난했다.
   彼は相変わらず貧(まず)しかった。

⇨ 긴자는 여전히 번화하다.
   銀座は従前どおりにぎやかだ。

⇨ 모든 것은 여전히 거짓말만 같다.
   すべては依然として嘘(うそ)のようである。

⇨ 늙었어도 여전히 의기 왕성하다.
   老(お)いても猶意気壮(いきさか)んなものだ。

⇨ 지금도 여전히 여기 살고 계십니까?
   今でもやはりここに住んでいますか。

⇨ 이 정기권은 종래 대로 이용할 수 있습니다.
   この定期券は従来どおり利用できます。

⇨ 2009년도의 개호보험료는 종래 대로입니다
   平成21年度の介護保険料(かいごほけんりょう)は、従来どおりです。

12 대다수 : 大多数(だいたすう), ほとんど

⇨ 대다수의 의견.
   大多数の意見(いけん)。

⇨ 거의 모두가 이의를 제기하고 있다.
   ほとんどが異議(いぎ)を唱(とな)えている。

13 대두하다 : 台頭(たいとう)する, 表立(おもてだ)つ, 擡(もた)げる

⇨ 민주세력이 <u>대두하다</u>.

民主勢力(みんしゅせいりょく)が<u>台頭する</u>。

⇨ 낭만주의 문학이 <u>대두하다</u>.

浪漫主義(ろうまんしゅぎ)の文学が<u>台頭する</u>。

⇨ 우리 나라에 민주주의가 <u>대두한</u> 지는 그리 오래지 않다.

わが国に民主主義が<u>台頭</u>してからそんなに長くない。

⇨ 문제가 더욱 <u>세상에 알려지기</u> 전에 해결책을 강구한다.

問題がさらに<u>表立つ</u>前に解説策(かいせつさく)を講(こう)ずる。

⇨ 대나무 숲의 여기저기에 귀여운 죽순이 머리를 <u>쳐들고</u> 있다.

竹林(たけばやし)のあちこちに、かわいらしいタケノコが頭を<u>もたげ</u>ている。

14 희박하다 : 希薄(きはく)だ, 薄(うす)い

⇨ 협동정신이 <u>희박하다</u>.

協同精神(きょうどうせいしん)が<u>希薄</u>だ。

⇨ 애정이 <u>약하다</u>.

愛情(あいじょう)が<u>うすい</u>。

cf) 薄(うす)れる : 농도가 엷어지다, (정도가) 희미해지다, 약해
지다, 점차로 줄다

⇨ 안개가 점차로 <u>개다</u>.

霧(きり)が<u>薄れる</u>。

⇨ 시력이 <u>약해지다</u>.

視力(しりょく)が<u>薄れる</u>。

⇨ 관심이 <u>적어지다</u>.

関心(かんしん)が<u>薄れる</u>。

⇨ 고통이 <u>줄어들다</u>.

苦しみが<u>薄れる</u>。

15 상황 : 状況(じょうきょう), 様子(ようす), 有様(ありさま)

⇨ 그곳의 상황을 알려 주십시오.
　 そちらの状況をお知らせください。
⇨ 한 눈으로 그곳의 상황을 알아채다.
　 一目(ひとめ)でその場(ば)の様子を見て取る。
⇨ 심한 재해 상황을 보고 딱하게 생각했다.
　 ひどい災害(さいがい)の有様を見て、きのどくに思った。

16 신출내기(신참) : 駆(か)け出(だ)し, 新前(しんまえ), 新米(しんまい), 若手(わかて), 新入(しんい)り, 新参者(しんざんしゃ)

⇨ 신출내기니까 어쩔 수 없지.
　 駆け出し(のほやほや)だから仕方(しかた)ない。
⇨ 신참인 주제에 건방지다.
　 駆け出しのくせになまいきだ。
⇨ 장사는 전혀 처음입니다.
　 商売(しょうばい)はからきし新前です。
⇨ 신참의원.
　 新米議員(ぎいん)。
⇨ 신참을 기용하다.
　 若手を起用(きよう)する。
⇨ 새로 들어온 여종업원.
　 新入りの女給(じょきゅう)。
⇨ 신참자라고 깔보지 마라.
　 新参者だといって軽くみるない。

17 거침없이 : 障(さわ)りなく, すらすら, 平気(へいき)で, ずば
り(と), 滞(とどこお)りなく, 遠慮(えんりょ)なく

⇨ 일이 거침없이 진행되었다.
  事が障りなく運(はこ)んだ。

⇨ 이런 멋진 문장을 거침없이 쓸 수 있다니 상당한 재능의 소유
  자이다.
  こんな立派(りっぱ)な文章がすらすら書けるとは、なかなか
  の才能(さいのう)の持ち主だ。

⇨ 남동생은 태연하게 거짓말을 하기 때문에 늘 엄마에게 야단맞
  습니다.
  弟は平気でうそをつくので、いつも母にしかられています。

⇨ 거침없이 아픈 데를 말해 버리다.
  痛い事をずばり(と)言ってのける。

⇨ 그는 그 나무를 싹 뚝 잘라버렸다.
  彼はその木をずばりと切(き)り倒(たお)した。

⇨ 정곡을 찔려 적지 않게 놀랐다.
  ずばりと言(い)われて少(すく)なからず驚(おどろ)いた。

⇨ 오늘 축제는 무사히 끝났다.
  今日の祭(まつ)りは滞りなく終わった。

⇨ 그는 거리낌 없이 넉살좋게 말하는 것 때문에 모두가 싫어한다.
  彼は遠慮なくずけずけとものを言うので、みんなにいやがら
  れる。

⇨ 저의 작문을 기탄없이 비판해주세요.
  私の作文を遠慮なく批判(ひはん)してください。

18 요사이(요즘, 근래) : 近ごろ, 最近(さいきん), このごろ, 近来
  (きんらい)

⇨ 요즘 복장이 화려해졌다.

　近ごろ服装(ふくそう)が華美(かび)になった。

⇨ 요사이 대단히 추웠다.

　最近まで大変(たいへん)寒かった。

⇨ 새 우는 소리를 요즘 거의 듣지 못한다.

　鳥のなく声をこのごろちっとも聞かない。

⇨ 근래에 없는 일.

　近来にないこと。

19 인사 : 挨拶(あいさつ) (= 사람과 만나고 헤어질 때 주고받는 의례적인 동작이나 말. 人と人とが出会ったときや、別れるときに交わす儀礼的な動作や言葉。)

⇨ 서로 인사를 나누었다.

　お互(たが)いにあいさつを交(か)わした。

⇨ 나도, 웃는 얼굴로 인사를 하도록 노력하겠습니다.

　私も、笑顔(えがお)で挨拶を心がけるように頑張ります。

cf) 会釈(えしゃく) : 인사 (= 원래 불교어, 사람에 대한 친밀감·호의·사의 등을 나타내기 위하여 가볍게 머리를 숙이는 행동. もと仏教語、人に対する親しみ·好意·謝意などを表すための、軽く頭を下げたりするしぐさ。)

⇨ 신사는 모자를 벗고, 가볍게 인사를 하고 이야기를 시작했다.

　紳士は帽子を取り、軽く会釈して話を始めた。

　[= 가벼운 인사(= 軽いお辞儀)]

⇨ 우리는 그들과 만나면 가볍게 인사할 정도의 아는 사이입니다.

　私たちは彼らとは会えばちょっと会釈をする程度の知り合いです。

cf) 辞儀(じぎ) : 절(= 머리를 숙여 절함. 頭を下げて礼をすること, 보통 'お~'의 꼴로 씀)

⇨ 정중하게 절하면서 '감사합니다'라고 말했다.

　ていねいにお<u>辞儀</u>をしながら'ありがとうございました'と
　いった。

⇨ 손님에게 공손히 절하며 맞이하고 있다.

　お客さんに深々(ふかぶか)とお<u>じ</u>ぎをして迎(むか)えている。

cf) お世辞(せじ) : 간살부리는 말, 알랑거리는 말 (= 상대에게 아첨
　　　　　　　　　하려고하는, 마음에도 없는 말. 相手に取り入ろうとして
　　　　　　　　　言う、心にもない言葉。)

⇨ 살살 <u>아첨</u>을 떨다.

　ぺらぺら<u>お世辞</u>を並べる。

⇨ 그녀는 친절하고 <u>아첨</u>도 잘한다.

　彼女は優しくて<u>お世辞</u>も上手だ。

⇨ 그 아이는 아직 어리지만, <u>알랑거리는</u> 말을 잘한다.

　あの子はまだ幼(おさな)いが、お世辞をよく並べる。

cf) 아첨 : (俗) おべっか, おべんちゃら〔아첨하다 → 諂(へつら)う〕

　　* 'おべんちゃら'は口先だけで心無い言葉を言うこと。<u>弁茶
　　　羅</u>とも書く。会話の中では<u>おべんちゃら</u>と「お」を付ける
　　　ことも多い。

⇨ 출세, 연애, 교섭에도 <u>아첨</u>은 중요한 전달 수단의 하나이다.

　出世にも、恋愛にも、交渉にも、<u>おべっか</u>は大切なコミュ
　ニケーション手段のひとつである。[「おしゃべりな人」が得をする
　<u>おべっか・お世辞の人間学</u> (リチャード・スティンゲル)]

⇨ <u>おべんちゃら</u>を真(まこと)に受ける。

　<u>아첨</u>을 진심으로 받아들이다.

⇨ 윗사람에게 <u>아첨하여</u> 출세하는 것보다, 제 나름대로의 삶을
　살아가고 싶습니다.

　上役(うわやく)に<u>へつらって</u>出世(しゅっせ)するより、自分
　なりの生き方をしたいと思います。

20 깍듯이 : 礼儀正(れいぎただ)しく，深々(ふかぶか)と，丁寧
(ていねい)に，行儀(ぎょうぎ)よく，丁重(ていちょ
う)に，折(お)り目(め)正しく

⇨ 예의바르게 인사하다.
  礼儀正しくあいさつする。

⇨ 인사도 깍듯이 하지 않다.
  お辞儀も深々とはしない。

⇨ 깍듯이 인사하다.
  丁寧にあいさつする。

⇨ 더욱 예의 바르게 해요.
  もっとお行儀よくしなさい。

⇨ 정중하게 접대하다.
  丁重に接待(せったい)する。

⇨ 옛날 사람처럼 예의 바른 사람이다.
  昔ふうの折り目正しい人だ。

　日本は富裕になり、生活様式も若者を中心として個人主義的に
なったが、こんな変化は日本をかつてなく水平社会に作っているよ
うである。総体的に生活水準は一昔よりずっとよくなって、一見変
わったようだが、日本の体制それ自体が変わったのではない。

　特に若い層ははるかに自由になった。たとえ、以前なら職業の
変更がむずかしかったが、今では若者の転職機会が有り触れ
ている。それだけ選択の自由を得たわけだ。しかし、中年に
なってからの転職はなおむずかしくて大多数の企業は中年層を採
用したがらない。それは、社員を自らの手で訓練するためにも若
者のほうがはるかに扱いやすいためだ。

　最近、日本には個人主義が台頭して、集団意識が薄れ始
めたとよく言われているが、そうには思われない。個人が転職を
したり自己の意見を表明できる状況にはなったと見る。昔なら駆
け出しの社員が自分の意見をすらすら話せる雰囲気ではなかっ
たが、今はそれも許されるのだ。最近の若者はあいさつも礼儀
正しくもしない。結局は雰囲気が変わったもので、社会構造が
変わったものではない。変わったように見えるのは表面的なスタイ
ルとか行動様式だ。

일본어번역문 6-B

　日本は豊かになり、ライフスタイルも若い層を中心に個人主義的になってきたが、こうした変化は日本をかつてなくヨコ社会に作っているようである。総体的に生活水準は以前よりずっと良くなり、一見変わったようにみえるが、日本のシステムそのものが変化したわけではない。

　特に若い層はずっと自由になった。たとえば、以前なら転職はむずかしかったが、今では若い人の転職の機会がふんだんにある。それだけ選択の自由を得たわけである。しかし、中年になってからの転職は依然として難しいし、ほとんどの企業は中年層を採用したがらない。それは、社員を自らの手で訓練するにも若いほうがはるかにやりやすいからである。

　最近、日本では個人主義が台頭して、集団意識が薄れ始めたとよく言われるが、それは疑問だと思う。個人が転職したり自己の意見を表明できる状況にはなってきたと見る。昔なら若手の社員が自分の意見を遠慮なく言える雰囲気ではなかったが、今ではそれも許されるのである。この頃の若者はお辞儀も深々とはしない。つまり雰囲気が変わったので、社会構造が変わったのではない。変わったと見えるのは表面的なスタイルや行動パターンである。

7

일본교육의 결점

많은 일본의 아동들은 특히 중학생이 될 때까지는 「주꾸」라고 불리는 보충수업 교실에 다니게 된다. 이것의 수업료도 부모가 부담하고 있고 이곳에서 자녀는 자신의 뒤진 과목을 만회하거나 특별한 학습을 하여 수험 준비를 한다. 학교에서는 한 반에 40명 내지 그 이상이 보통인데 「주꾸」의 클래스는 그것보다도 훨씬 소수이고 지도방법도 개별적이다.

일본교육제도의 최대약점은 대학교육에 있는 듯하다. 소수의 예외는 있지만 일본의 대학교육은 미국에 비하여 뒤떨어져 있다고 한다. 공포의 대학입시를 통과하면, 거의 자동적으로 졸업할 수 있고 사회적 지위가 높고 급료도 좋은 자리에 앉을 수 있는 것을 학생들은 알고 있다. 이 때문에 학습의욕을 잃어버리는 사람이 적지 않은 것 같다.

전반적으로 보아, 미국의 연구가가 일본교육의 결점으로 지적하고 있는 것은 「경직함, 지나친 획일성, 선택여지의 결여」이다.

한자단어

- 아동 : 児童(じどう)
- 보충 : 補充(ほじゅう)
- 내지 : 乃至(ないし)
- 소수 : 少数(しょうすう)
- 개별적 : 個別的(こべつてき)
- 예외 : 例外(れいがい)
- 지위 : 地位(ちい)
- 의욕 : 意欲(いよく)
- 지적 : 指摘(してき)
- 획일성 : 画一性(かくいつせい)
- 결여 : 欠如(けつじょ)

- 주꾸 : 塾(じゅく)
- 부담 : 負担(ふたん)
- 보통 : 普通(ふつう)
- 지도 : 指導(しどう)
- 약점 : 弱点(じゃくてん)
- 공포 : 恐怖(きょうふ)
- 급료 : 給料(きゅうりょう)
- 결점 : 欠点(けってん)
- 경직 : 硬直(こうちょく)
- 선택여지 : 選択余地(せんたくよち)

중요단어 및 어구

1 특히 : 殊(こと)に, 特(とく)に, 取(と)り分(わ)け, ことさら

● 殊(こと)に : 유별나게. 특히 많은 것 중에서 그것만이 틀린 모양. 대상 자체의 뚜렷함에 대한 매우 객관적인 판단을 나타냄.
⇨ 밤에는 <u>특히</u> 고요하다.
　夜は<u>殊</u>に静かだ。
⇨ 전차는 하루 중에서도, 아침 8시경이 <u>특히</u> 붐빕니다.
　電車は一日のうちでも、朝8時ごろが<u>殊</u>に混(こ)みます。
⇨ 이번 겨울은 <u>특히</u> 추웠다.
　この冬は<u>こと</u>に寒かった。

● <u>特(とく)に</u> : 다른 것에 비해 훨씬, 특별히 내세워서 말할 만큼. 다른 것과 정도가 현저히 차이 나는 상황을 표현함. 「殊に」와 용법이 비슷하지만 「特別(に)」와 같이, 주관적 · 의지적으로 구별하여 격차를 두는 경우에 쓰임. 또, 「殊に」에서는 보이지 않는 「부정」의 표현에도 사용됨.
⇨ 이 점을 <u>특히</u> 강조해 두자.
　この<u>点</u>を<u>特</u>に強調(きょうちょう)しておこう。
⇨ 저는 과일은 어느 것이나 좋아하지만, <u>특히</u> 밀감을 좋아합니다.
　私は果物はなんでも好きですが、<u>特</u>にみかんが好きです。
⇨ 특별히 어디가 나쁘다는 것은 아니다.
　<u>特</u>にどこが悪いと言うわけではない。
⇨ <u>특히</u> 이렇다 할 일도 없다.
　<u>特</u>にこうだということもない。

● <u>取(と)り分(わ)け</u> : 특히

⇨ 그 학급에는 <u>특히</u> 그가 뛰어났다.

あのクラスでは<u>とりわけ</u>彼が優(すぐ)れている。

● <u>ことさら</u> : 특별히, 새삼스레, 일부러

⇨ 그 사람이 <u>특별히</u> 나쁘다는 것도 아니다.

彼が<u>ことさら</u>悪いというわけでもない。

⇨ <u>새삼스레</u> 설명할 필요도 없다.

<u>ことさら</u>(に)説明するまでもない。

⇨ <u>일부러</u> 그런 짓을 하다.

<u>ことさら</u>にそんな仕打(しうち)をする。

2 주꾸 (사설학원) : 塾(じゅく), 予備校(よびこう)

⇨ 저녁 <u>학원</u>에는 학교를 마친 아이들이 모여왔다.

夕方の学習<u>塾</u>には、学校を終えた子供たちが集まってきた。

⇨ 장래의 합격 여부를 결정하는 <u>입시학원</u> 선택은 신중하게 하고 싶은 것이다.

将来の合否(ごうひ)を決める<u>予備校</u>選びは慎重(しんちょう)にしたいものだ。

cf) 塾(じゅく) :

① 옛날 뛰어난 생각이나 학문을 지닌 사람이 그것을 가르쳐 전달한 지금의 학교와 같은 곳. (= むかし、すぐれた考えや学問をもった人がそれを教え伝えた今の学校のような所。)

② 학교 외에 희망자를 모집하여 공부나 컴퓨터 등을 가르치는 곳. 학교시설기준에 미치지 않는 사립교육기관, 학원, 강습소, 재수학원. [= 学校のほかに希望者(きぼうしゃ)を集めて、勉強やパソコン学習などを教える所。学校設置基準に達しない私立教育機関、学院、講習所(こうしゅうしょ)、予備校(よびこう)。]

3 보충 : 補充(ほじゅう), 補習(ほしゅう)

⇨ 본교에서 지금까지 시행착오를 하면서 임해 온 보충 학습.
　本校でこれまでに試行錯誤しながら取り組んできた補充学習。

⇨ 보충선거 補充選挙。 보충교재 補習教材(きょうざい)。

cf) 보충하다 : 補充する, 穴埋(あなう)めする, 補(おぎな)う, 補
　　　　　　填(ほてん)する

　⇨ 결원을 보충하다.
　　欠員(けついん)を補充する。

　⇨ 손실을 보충하다.
　　損失(そんしつ)を穴埋めする。

　⇨ 모자라는 곳을 서로 보충해서 해내다.
　　足りない所を互いに補ってやり通(とお)す。

　⇨ 가계의 적자를 보충하기 위해 아르바이트로 일하러 가는 것
　　은 주부에게는 흔히 있는 일이었다.
　　家計の赤字を補填するためにパートで働きに出るというこ
　　とは、主婦にはよくあることだった。

4 부담하다 : 負担(ふたん)する, 引(ひ)き受(う)ける, 充(あ)て
　　　　　　る, 自弁(じべん)する

　⇨ 비용을 부담하다.
　　費用(ひよう)を負担する。

　⇨ 그 사건을 떠맡은 사람은 저 사람입니다.
　　その事件を引き受けたのはあの人です。

　⇨ 이 돈은 책값으로 충당하겠습니다.
　　このお金は本代(ほんだい)に充てます。

　⇨ 비용을 스스로 부담하다.

費用を<u>自弁</u>する。

cf) 자기 부담 : 自前(じまえ), 自分持(も)ち, 割勘 [わりかん, = 割
前勘定(わりまえかんじょう)]
　⇨ 중식비는 자기 부담이다.
　　中食代は<u>自前</u>のことだ。
　⇨ 비용은 자기부담으로 여행하다.
　　費用は<u>自分持ち</u>で旅行する。
　⇨ 자기부담으로 하기로 약속을 하고 술집에 들어갔는데, 결국
　　내가 전부 내게 되었다.
　　<u>割り勘</u>にしようという約束で飲み屋に入ったのに、結局ぼ
　　くが全額(ぜんがく)払(はら)わされてしまった。

cf) 背負込む(しょいこむ, せおいこむ) : (힘겨운 일을) 떠맡다
　⇨ 형의 빚을 <u>떠안다</u>.
　　兄の借金(しゃっきん)を<u>背負込む</u>。
　⇨ 묘한 것을 떠맡아 고생이다.
　　変なものを<u>背負い込んで</u>苦労する。

cf) 背負(せお)う : 짊어지다, (책임 등을) 떠맡다
　⇨ 인생은 무거운 짐을 업고 먼 길을 가는 것과 같은 것이다.
　　人生は、重荷(おもに)を<u>背負って</u>遠い道を行くようなものだ。
　⇨ 21세기의 한국을 <u>짊어지고</u> 가는 것은 너희들이다.
　　二十一世紀の韓国を<u>背負って</u>いくのは、きみたちだ。

5 뒤지다 : 遅(おく)れる, 遅れを取る, 劣(おと)る, 引(ひ)けを取る

　⇨ 시골은 도시에 비하면 문화가 <u>뒤지고</u> 있다.
　　田舎(いなか)は都会に比べると文化が<u>遅れ</u>ている。
　⇨ <u>뒤지지</u> 않고 따라가다.

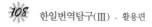

遅れを取らないでついて行く。

⇨ 체력의 면에서는 형은 동생보다 뒤지고 있는 것 같다.

体力(たいりょく)の点では、兄は弟より劣っているらしい。

⇨ 누구에게도 뒤지지 않는 일본 제일의 모델입니다.

人にも引けを取らない日本一のモデルです。

6 만회하다 : 挽回(ばんかい)する, 取(と)り戻(もど)す, 盛(も)
り返(かえ)す, 取(と)り返(かえ)す

⇨ 인기를 만회하다.

人気(にんき)を挽回する。

⇨ 한 번 잃어버린 권리를 되찾는 것은 어렵다.

一度失(うしな)った権利を取りもどすのはむずかしい。

⇨ 실패한 뒤에 다시 만회하다.

失敗(しっぱい)した後で盛り返す。

⇨ 원기를 회복했다.

元気を取り返した。

7 내지 : 乃至(ないし), か, また(は), もしくは, あるいは

⇨ 이틀 내지 사흘.

二日(ふつか)ないし三日(みっか)。

⇨ 1대에 50명 내지 70명은 탈 수 있습니다.

一台(いちだい)に五十人か七十人は乗れます。

⇨ 이 풍속은 일본 내지는 중국에서도 볼 수 있다.

この風俗(ふうぞく)は日本または中国において見ることがで
きる。

⇨ 부모님 내지 보증인의 허가가 필요합니다.

両親もしくは保証人(ほしょうにん)の許(ゆる)しが必要です。

⇨ 파출소 내지 경찰서에 신고할 것.
交番(こうばん)あるいは警察署(けいさつしょ)にとどけること。

8 훨씬 : ずっと, ずうっと, はるかに, うんと, ぐっと

⇨ 훨씬 이전에 그 건물은 없었다.
ずっと以前にその建物はなかった。

⇨ 놀기 좋아하는 학생은 공부를 좋아하는 학생보다 훨씬 많다.
遊びの好きな生徒は勉強の好きな生徒よりもずうっと多い。

⇨ 이 가게 쪽이 훨씬 싸다.
この店のほうがはるかに安い。

⇨ 훨씬 세게 주물러 주세요.
うんと強くもんで下さい。

⇨ 나보다 훨씬 똑똑하다.
私よりうんと賢(かしこ)い。

⇨ 이 수단 저 수단을 다 써서 힘껏 노력하려고 했지만, 결국 그
녀에게 더욱 입을 떼게 할 수 없었다.
手をかえ品をかえて攻略(こうりゃく)しようとしたが、とう
とう彼女にうんと言わせることができなかった。

⇨ 다나카씨는 이 일을 시작하고부터 수입이 훨씬 늘었다.
田中さんはこの仕事を始めてから収入(しゅうにゅう)がぐっ
と増(ふ)えた。

9 약점(홈) : 弱点(じゃくてん), 短所(たんしょ), 弱(よわ)み, 泣
(な)き所(どころ), 穴(あな)

⇨ 약점을 드러내다.
弱点をさらけ出す。

⇨ 상대의 약점을 잡다.

相手の<u>短所</u>を握(にぎ)る。

⇨ 상대의 <u>약점</u>을 이용하다.

相手の<u>弱み</u>に乗(じょう)ずる。

⇨ <u>약점</u>을 찌르다.

<u>泣き所</u>を突(つ)く。

⇨ 이 씨름꾼은 힘도 좋은데 체중이 가벼운 것이 <u>약점</u>이다.

この力士(りきし)は、力もあるが体重(たいじゅう)が軽いの
が<u>泣き所</u>だ。

⇨ 상대의 <u>흠</u>을 발견하다.

相手の<u>穴</u>を見つける。

10 ~듯하다 : ~のようである, ~(し)そうだ

⇨ 봄이 온 <u>듯하다</u>.

春が来た<u>ようである</u>。

⇨ 비가 올 <u>듯하다</u>.

雨が降り<u>そうだ</u>。

11 뒤떨어지다 : 劣(おと)る, 後(おく)れる, 後(おく)れをとる,
落後(らくご)する

⇨ 수학이 가장 <u>뒤떨어져</u> 있다.

数学がいちばん<u>劣</u>っている。

⇨ 유행에 <u>뒤떨어지지</u> 않도록 하다.

流行(りゅうこう)に<u>後れ</u>ないようにする。

⇨ 마라톤 경주에서 <u>뒤떨어지다</u>.

マラソン競走(きょうそう)で<u>後れ</u>をとる。

⇨ 돌격 도중에 어느 샌가 노병이 대열에서 <u>뒤떨어져</u> 있다.

突撃(とつげき)の途中でいつの間にか老兵(ろうへい)が隊列

(たいれつ)から<u>落後</u>していた。

12 통과하다 : 通過(つうか)する, 通(とお)る, パスする

⇨ 시내를 <u>통과하다</u>.
市内を<u>通過する</u>。

⇨ 필기시험에 <u>통과하다</u>.
筆記(ひっき)試験に<u>通る</u>。

⇨ 면접시험에 <u>통과하지</u> 않으면 아르바이트로 일할 수 없다고 한다.
面接試験に<u>パスし</u>ないと、アルバイトとして雇(やと)っても
らえないのだそうだ。

13 거의(대부분, 대개) : ほとんど, めったに, ほぼ, 大抵(たいて
い), 大部分(だいぶぶん), 約(やく)

⇨ 나는 <u>거의</u> 그를 못 만난다.
私は<u>ほとんど(めったに)</u>彼に会えない。

⇨ '아소산'은 규슈지방의 <u>거의</u> 중앙에 있다.
阿蘇山(あそさん)は、九州地方の<u>ほぼ</u>中央にある。

⇨ <u>대개</u>는 알고 있다.
<u>大抵</u>の人は知っている。

⇨ 석유는 국내에서 생산되는 것은 극히 소수이고, <u>거의 대부분</u>
수입에 의존하고 있다.
石油は国内で生産されるのはごくわずかで、<u>大部分</u>は輸入
(ゆにゅう)に頼(たよ)っている。

⇨ 이 학급의 <u>거의</u> 반은 근시다.
この学級の<u>約</u>半分は近視(きんし)だ。

14 자리에 앉다 : 職(しょく)に就(つ)く

⇨ 교장에 **취임하다**.
　校長の職に就く。
⇨ 자네가 그 자리에 **앉은** 것을 보니 내가 기쁘네.
　君がその職(地位)についたのを見ると私はうれしい。
⇨ 왕위에 **앉다**.
　王位(おうい)に就く。

15 결점 : 欠点(けってん), 短所(たんしょ), 欠陥(けっかん)

⇨ **결점**이 있는 작품.
　欠点のある作品。
⇨ 사람은 누구나 장・**단점**이 있는 법이다.
　人はだれでも長所(ちょうしょ)と短所があるものだ。
⇨ 이 중고차는 **결함투성**이다.
　この中古車(ちゅうこしゃ)は、欠陥だらけだ。

cf) 粗(あら) : 살이 붙은 뼈, (쌀에) 섞여 있는 뉘(=あらぬか), 결점
　⇨ **뼈다귀**를 끓인 국물
　　粗煮(あらに)
　⇨ **흠**을 찾아내다.
　　粗をさがし出す。
　⇨ 쌀에 **뉘**가 조금 섞여 있다.
　　米(こめ)に粗(あら)が少し交(まじ)っている。
　⇨ 그녀는 늘 그의 **결점**을 찾고 있다.
　　彼女はいつも彼のあら探しをしている。

　多くの日本の子供たちは殊に中学生になるまでは「塾」と呼ばれる補充の教室に通うようになる。この授業料も親が引き受けしており、子供たちは自分の劣ったのを盛り返したり特別な学習をしたり受験の準備をする。学校ではひとクラスに40人かそれ以上が普通なのに塾のクラスはそれよりもはるかに少数で指導方法も個別的である。

　日本の教育制度の最大の弱点は大学の教育にあるようである。少数の例外はあるが、日本の大学教育はアメリカに比べて後れているという。恐怖の大学入試をパスすれば、ほぼ自動的に卒業できるし、社会的地位が高くて、給料もいい職に就くことを学生たちは知っている。このために学習意欲を失う人が少なくないらしい。

　全般的に見て、アメリカの研究家が日本教育の短所として指摘しているのは「硬直さ、過度の画一性、選択の余地の欠如」である。

　多くの日本の児童たちは特に中学生になるまでには、「塾」と呼ばれる補習教室に通うようになる。これも授業料は親が負担しており、子供は自分の遅れを取り戻したり特別な学習をしたり、受験の準備をする。学校では一クラスに四十名乃至それ以上が普通であるが「塾」のクラスはそれよりもずっと少数で指導方法も個別的である。

　日本の教育制度の最大の弱点は大学教育にあるようである。少数の例外はあるが、日本の大学教育はアメリカに比べて劣っているという。恐怖の大学入試を通過すればほとんど自動的に卒業できるし、社会的な地位が高くて、給料もいい職に就けることを学生たちは知っている。このために学習意欲を失ってしまう者が少なくないようである。

　全般的に見て、アメリカの研究家が日本教育の欠点として指摘しているのは、「硬直さ、過度の画一性、選択の余地の欠如」である。

일본의 씨름

　「스모」라는 씨름은 일본의 역기(力技)의 일종이다. 두 사람의 경기자가 알몸에 그저 샅바 하나를 매고, 맨손으로 씨름판 위에서 승부를 다투어 상대를 넘어뜨리거나 씨름판 밖으로 몰아내면 승부가 결정된다. 이러한 종류의 역기는 다른 민족에서도 볼 수 있는데, 일본의 「스모」는 국기(国技)로서 독자적인 발전을 이룩하여 직업화해 왔다.

　고대 올림픽에서도 볼 수 있듯이, 경기 상대를 죽음으로 이르게 하는 원시적인 공격수단을 금지하는 규정이 만들어져, 경기방법이 변천·분화되어 왔다. 유럽에서는 레슬링과 복싱으로 분화·발달되고, 중국에서는 권법으로 나눠졌던 것이다. 한국, 몽고, 인도, 러시아, 동남아시아 등지에서도 각자의 규정에 따라 「스모」의 조형(祖型)에 아주 가까운 경기가 발달되어 지금도 여전히 성행되고 있는 것이다.

　일본에 있어서도 고대로부터 똑같은 격투경기가 행해지고 있었는데, 그것이 독자적인 발달을 이룩하여 오늘날 보는 「스모」가 된 것이다.

한자단어

- 씨름 : 相撲(すもう)
- 일종 : 一種(いっしゅ)
- 맨손 : 素手(すで)
- 승부 : 勝負(しょうぶ)
- 민족 : 民族(みんぞく)
- 독자적 : 独自的(どくじてき)
- 직업화 : 職業化(しょくぎょうか)
- 원시적 : 原始的(げんしてき)
- 공격수단 : 攻撃手段(こうげきしゅだん)
- 변천 : 変遷(へんせん)
- 발달 : 発達(はったつ)
- 조형 : 祖型(そけい)

- 역기 : 力技(りきき)
- 경기자 : 競技者(きょうぎしゃ)
- 씨름판 : 土俵(どひょう)
- 상대 : 相手(あいて)
- 국기 : 国技(こくき)
- 발전 : 発展(はってん)
- 고대 : 古代(こだい)
- 방법 : 方法(ほうほう)
- 금지하다 : 禁止(きんし)する
- 분화 : 分化(ぶんか)
- 권법 : 拳法(けんぽう)
- 격투 : 格闘(かくとう)

중요단어 및 어구

1 알몸 : 真っ裸(まっぱだか), 素っ裸(すっぱだか), 裸体(らたい), 丸裸(まるはだか)

⇨ <u>벌거벗은</u> 아이.
　<u>まっぱだか</u>の子供。

⇨ 그는 <u>알몸</u>을 들어낸 채 뛰었다.
　彼は<u>すっ裸</u>でおもてに飛び出した。

⇨ 타인 앞에서 <u>알몸</u>을 들어내는 것은 누구라도 부끄럽다.
　他人の前に<u>裸体</u>をさらすのは、だれでもはずかしい。

⇨ 화재로 집을 잃어 <u>무일푼</u>이 되었다.
　焼け出されて<u>丸裸</u>になる。

cf) 알 : 알사탕.　<u>飴玉</u>(あめだま)。
　　　알약.　　<u>丸薬</u>(がんやく)。
　　　알몸.　　<u>真っ裸</u>(まっぱだか)。
　　　알밤.　　<u>毬</u>(いが)をむいた栗(くり)。

cf) 맨몸, 벌거숭이.　はだか(裸)。
　　<u>민둥산</u>.　　はだか山(やま)。
　　<u>나체춤</u>.　　はだか踊(おど)り。

2 샅바 : 回(まわ)し, ふんどし [褌, 남성의 부위를 가리기 위한 폭이 좁고 긴 천, 男子が陰部をおおい隠す細長い布, 下帯(したおび)]

⇨ <u>샅바</u>를 다시 졸라매고 덤비다.
　<u>回し</u>を締(し)め直(なお)してかかる。

⇨ <u>샅바</u>를 질끈 조르다.(= 각오를 새로이 하다.)

ふんどしをしっかり締(し)める.

⇨ 남자아이의 중요한 부분을 감싸는 하의로서는, 들보는 가장 뛰어나다.

男児(だんじ)のだいじなところを包(つつ)む下着(したぎ)としては、ふんどしは一番優(すぐ)れています。

3 맨손 : 素手(すで), 手ぶら

⇨ 맨손으로 풀을 뽑다.

素手で草(くさ)むしりする。

⇨ 신세를 져서 인사하러 가는 것이니까 맨손으로 갈 수 없는 일이다.

お世話(せわ)になったお礼に行くのだから、手ぶらで行くわけには行かない。

cf) 徒手体操(としゅたいそう) : 맨손체조, 도수체조(= 道具を用いずに行う体操)

⇨ 맨손체조는 신체의 원만한 발육을 목표로 한 기본적 수련을 실시한다.

徒手体操は身体の円満(えんまん)な発育(はついく)を目標とした基本的修練(しゅうれん)を行う。

4 다투다 : 争(あらそ)う, けんかをする, 張(は)り合(あ)う, 競(きそ)う, 競(せ)り合(あ)う

⇨ 세력을 다투다.

勢力(せいりょく)を争う。

⇨ 일 이등을 다투다.

一二を争う。

⇨ 아이들이 <u>다투다</u>.

　子供たちが<u>けんかをする</u>。

⇨ 한 여자를 두고 두 남자가 <u>다투다</u>.

　一人の女を男二人で<u>張り合う</u>。

⇨ 콘테스트에서 미를 <u>다투다</u>.

　コンテストで美(び)を<u>競う</u>。

⇨ 선수권을 <u>다투다</u>.

　選手権(せんしゅけん)を<u>競り合う</u>。

5 넘어뜨리다 : 倒(たお)す, 突(つ)き倒す

⇨ 나무를 <u>넘어뜨리다</u>.

　立(た)ち木(き)を<u>倒す</u>。

⇨ 냅다 밀어 <u>넘어뜨리다</u>.

　ぐっと<u>突き倒す</u>。

⇨ 경관은 범인을 지면에 <u>쓰러뜨렸다</u>.

　警官は犯人を地面に<u>突き倒し</u>た。

6 씨름판 : 相撲場(すもうば), 土俵(どひょう), 戦(たたか)いの
　　　　　 場(ば), 争(あらそ)いの場(ば)

⇨ <u>씨름판</u> 중앙에서 서로 밀다.

　<u>相撲場</u>の中央(ちゅうおう)で押し合う。

⇨ <u>씨름판</u> 가장자리에서 필사적으로 다리에 힘을 주고 버티다.

　<u>土俵際</u>(どひょうぎわ)で必死(ひっし)に踏(ふ)み堪(こた)える。

⇨ 최고의 씨름꾼이 <u>씨름판</u> 위에 나오자 객석에서 크게 성원해
　주었다.

　横綱(よこづな)が<u>土俵</u>に上がると、客席(きゃくせき)から大
　きな声援(せいえん)が飛んだ。

7 몰아내다 : 押(お)し出(だ)す, 追い出す, ぶっ払(ぱら)う

⇨ 서로 밀고 당기고하는 사이, 어느새 수많은 인파들 바깥으로 밀려나갔다.
押し合いへし合いしているうちに、いつの間にか人だかりの外に押し出されていた。

⇨ 그 놈을 방에서 몰아내라.
そいつを部屋から追い出せ。

⇨ 침략자를 몰아내다.
侵略者(しんりゃくしゃ)をぶっ払う。

⇨ 고민거리를 풀기 위해 하와이에 다녀왔습니다.
煩悩(ぼんのう)をぶっ払うためにハワイに行ってきました。

⇨ 지금까지의 캐러멜의 고정 개념을 깰 정도의 맛!
今までのキャラメルの固定概念(こていがいねん)をぶっぱらう程のおいしさ!

8 이룩하다(이루다) : 遂(と)げる, 成(な)す, 作り上(あ)げる, 達成(たっせい)する

⇨ 어떻게 하든 목적을 이루지 않으면 안 된다.
どうあっても目的をとげなければならない。

⇨ 행복한 가정을 이루다.
幸福(こうふく)な家庭を成す。

⇨ 근대 공업국가를 이룩하는 길.
近代工業国家(きんだいこうぎょうこっか)を作り上げる道。

⇨ 어떻게 해서든지 목표액만은 달성해야 돼.
なんとしても目標額(もくひょうがく)だけは達成(たっせい)するんだ。

9 이르다 : 至(いた)る, 達(たっ)する, 行(ゆ)き着(つ)く

⇨ 정오에 목적지에 <u>이르다</u>.
　正午(しょうご)目的地(もくてきち)に<u>至</u>る。

⇨ 서울에서 경주를 거쳐 부산에 <u>이르는</u> 철도.
　ソウルから慶州を経(へ)て釜山に<u>至</u>る鉄道。

⇨ 三時間も登ったのに、まだ山頂に<u>達し</u>ません。
　세 시간이나 올랐는데 아직 산 정상에 <u>도달하</u>지 못했습니다.

⇨ 町に<u>行き着い</u>たのは日暮(ひぐ)れだった。
　마을에 닿았을 때는 저녁 무렵이었다.

10 V의 未然形 + しめる : (助v)～을 하게 하다(使役), ～하시다(敬意)

⇨ 나로 하여금 말하게 한다면.
　私をして言わ<u>しめ</u>れば。

⇨ 남을 싫증나게 하지 않는다.
　人を飽(あ)か<u>しめ</u>ない。

⇨ 정무를 보살피시다.
　政務(せいむ)を執(と)ら<u>しめ</u>給(たま)う。

11 각자 : それぞれ, 各自(かくじ), 各々(おのおの)

⇨ 사람에게는 <u>각자</u>의 생각이 있다.
　人には<u>それぞれ</u>の考えがある。

⇨ 사람들은 <u>각자</u> 자기의 의견을 내놓았다.
　人々は<u>各自</u>自分の意見を出した。

⇨ 십인십색으로 사람의 흥미는 <u>각각</u> 다르다.
　十人十色(じゅうにんといろ)で、人の好(この)みは<u>おのおの</u>違うものだ。

⇨ 사람은, <u>각자</u> 잘하는 것과 못하는 것이 있다.
　人は、<u>おのおの</u>、得手(えて)、不得手(ふえて)というものがある。

12 지금도 여전히 : 今なお, 相変(あいか)わらず

⇨ 그 나라는 <u>지금도 여전히</u> 가난하다.
その国は<u>今なお</u>貧乏(びんぼう)だ。

⇨ 나는 매일 하는 일로 <u>여전히</u> 바쁘다.
わたしは毎日わたしの仕事で<u>相変</u>わらず忙しい。

13 성행하다 : 盛(さか)んだ, 栄(さか)える, 流行(はや)る

⇨ 학생들 사이에서는 해외여행이 <u>성행한다</u>.
学生の間では海外旅行が<u>盛んだ</u>。

⇨ 미국은 공업이 매우 <u>성행하고 있다</u>.
アメリカは工業がとても<u>栄え</u>ている。

⇨ 신종플루가 <u>성행하고 있다</u>.
新型(しんがた)インフルエンザが<u>はや</u>っている。

cf) 時(とき)めく : (시류를 타고) 위세를 떨치다, 한창 들날리다,
　　　　　　　　　　　가슴이 설레다, 두근거리다

⇨ 이 젊은이야말로 지금 <u>잘나가</u>는 인기인이야.
この若者こそ今を<u>時めく</u>人気者(にんきもの)だね。

⇨ 이 영화의 시사회에 50명. 당일은 주연 쿠로키 메이사를 시
작해 지금 <u>한창 인기 있는</u> 출연자도 등단할 예정.
この映画の試写会に50名様。当日は主演の黒木メイサをは
じめ、今を<u>時めく</u>出演者も登壇(とうだん)予定。

⇨ 너를 이렇게 바라보고 있는 것만으로 <u>가슴이 설레</u>네.
あなたをこうして見つめているだけで<u>時めく</u>わ。

⇨ 내일 생일에 어떤 선물을 받을지 지금부터 가슴이 <u>두근거린다</u>.
明日の誕生日には、どんなプレゼントがもらえるか、今か
ら期待に胸が<u>ときめく</u>。

14 오늘날 : 今日(こんにち), 現今(げんこん)

　⇨ 오늘에 이르기까지 그의 행방은 묘연하다.
　　今日に至(いた)るまで彼の行方(ゆくえ)は不明(ふめい)である。
　⇨ 오늘날의 정치정세.
　　現今の政治情勢(じょうせい)。

일본어번역문 8-A

　「相撲」というのは日本の力技の一種である。二人の競技者
が素っ裸にまわしをしめただけで素手で土俵の上で勝負を争っ
て、相手を突き倒したりまた土俵の外へ押し出せば勝負が決定
される。こういう類の力技は他民族にも見られるが、日本の「相
撲」は国技として独自的発展をとげ、職業化してきた。

　古代オリンピックでも見たように、競技相手を死に至らしめる原始
的な攻撃手段を禁止するルールが作られ、競技の方法が変遷し
分化して来た。ヨーロッパではレスリングとボクシングに分化して発
達し、中国では拳法に分かれたのである。韓国、モンゴル、イン
ド、ロシア、東南アジアなどでもそれぞれのルールによって「相撲」
の祖型にとても近い競技が発達し、今なお盛んなのである。

　日本にとっても、古代から同じ格闘競技が行われていたが、
それが独自的な発達を遂げ、現今見るような「相撲」になったの
である。

일본어번역문 8-B

　「相撲」というものは日本の力技の一種である。二人の競技者が
裸体にただ回しをしめただけで、素手で土俵上において勝負を争
い、相手を倒すかまたは土俵の外に押し出せば勝ちが決まる。同
類の力技は他民族にも見られるが、日本の「相撲」は国技として
独自的発展をとげ、職業化となってきた。

　古代オリンピックでも見られるように、競技相手を死に至らしめる
原始的な攻撃手段を禁止するルールができて、競技の方法が変
遷・分化してきた。ヨーロッパでは、レスリングとボクシングに分化し
て発達し、中国では拳法に分かれたのである。韓国、モンゴル、
インド、ロシア、東南アジアなどでもそれぞれのルールにしたがって
「相撲」の祖型によく似た競技が発達し、今なお盛んに行われてい
るのである。

　日本においても、古代から同様の格闘競技が行われていたが、
それが独自の発達をとげ、今日見られるような「相撲」になったので
ある。

도쿄대학의 입시와 교육

도쿄대학은 일본에서 가장 권위 있는 최고학부이다. 수상, 고급 관료, 외교관, 지도적 경제인 등 많은 인재가 세상에 배출된 것을 보면 분명히 자랑할 만하다. 그러나 그 대학의 전 총장은 다음과 같이 말한 적이 있다. 「호된 주입식 교육을 받고 도쿄대학에 들어온 학생은 입학할 때에는 완전히 지쳐 버려 있다」라고.

일본의 학생이 대학에서 거의 공부하지 않는 것은 한국과 마찬가지다. 맹렬하게 공부한 나머지 일단 목표한 대학에 들어가면, 젊은이들은 이미 인생의 목표에 도달한 게 아닌가 하는 기분이 된다. 아주 지쳐 버려 그 이상 공부할 의지도 남아 있지 않을 뿐만 아니라 필요도 느끼지 않는다.

대학에 들어가면 낙제는 거의 하지 않는다. 일본의 대학은 들어가기는 어렵지만 나오기는 쉽다. 거기에 비교해 미국과 영국은, 그와 반대로 입학하기는 쉬워도 졸업하기가 어렵다.

한자단어

- 권위 : 権威(けんい)
- 수상 : 首相(しゅしょう)
- 외교관 : 外交官(がいこうかん)
- 경제인 : 経済人(けいざいじん)
- 세상 : 世(よ)
- 자랑 : 自慢(じまん)
- 총장 : 総長(そうちょう), 学長
- 일단: 一旦(いったん)
- 목표 : 目標(もくひょう)
- 반대 : 反対(はんたい)

- 학부 : 学府(がくふ)
- 관료 : 官僚(かんりょう)
- 지도적 : 指導的(しどうてき)
- 인재 : 人材(じんざい)
- 배출 : 輩出(はいしゅつ)
- 전 : 元(もと)
- 주입식 : 詰(つ)めこみ
- 인생 : 人生(じんせい)
- 낙제 : 落第(らくだい)
- 졸업 : 卒業(そつぎょう)

중요단어 및 어구

1 권위 : 権威(けんい), オーソリティー (authority)

⇨ <u>권위</u> 있는 사전.
　<u>権威</u>ある辞典。

⇨ 김 교수는 역사학의 <u>권위</u>자이다.
　金教授は歴史学の<u>権威</u>者だ。

⇨ 부하에게 <u>권위</u>가 안 선다.
　部下(ぶか)に対して<u>権威</u>が保(たも)てない。

⇨ 최고<u>권위</u>.
　最高<u>権威</u>(さいこうけんい)。

⇨ 사계의 <u>권위</u>.
　斯界(しかい)の<u>権威</u>。

⇨ 학계의 제 일인자의 발언이므로 당연히 <u>권위</u>가 있다고 생각해
　도 될 것이다.
　学界(がっかい)の第一人者の発言(はつげん)ですから、当然
　<u>オーソリティー</u>をもつものと考えていいだろう。

2 학부 : 学府(がくふ … 학문의 중심이 되는 곳)
　　　　　学部(がくぶ … 종합대학의 학부, 단과대학)

⇨ 하버드대학은 미 최고<u>학부</u>이다.
　<u>ハーバード大学</u>はアメリカの最高<u>学府</u>である。

⇨ 最高<u>学府</u>。(= さいこうがくふ、学問を学ぶところとして最も程度の高いと
　ころ。現代では"大学"をいう)

⇨ <u>학부</u>에는 문학부, 이학부, 의학부가 있다.
　<u>学部</u>には文学部、理学部、医学部がある。

3 세상 : 世間(せけん), 世(よ)の中(なか), 世(よ), 社会(しゃかい) (*「世上」으로 쓰면 오용임)

⇨ 세상은 넓고도 좁다.

世間は広(ひろ)いようで狭(せま)い。

⇨ 어수선한(시끄러운) 세상.

物騒(ものさわ)がしい世の中。物騒(ぶっそう)な世の中。

⇨ 황금만능의 세상.

黄金万能(おうごんばんのう)の世の中。

⇨ 세상이 시끄럽다.

世の中が騒騒(そうぞう)しい。

⇨ 넓고도 좁은 것이 세상이다.

広いようで狭いのが世の中だ。

⇨ 이 세상을 떠나다.

この世を辞(じ)する。

⇨ 삭막한 세상.

きびしい社会。

4 배출되다 : 輩出(はいしゅつ)する(自)

⇨ 그 고장에서 수재가 많이 배출되었다.

その地方(ちほう)から秀才(しゅうさい)が多く輩出した。

⇨ 그 시대에는 위인이 계속해서 배출되었다.

その時代には偉人(いじん)が続々(ぞくぞく)と輩出した。

⇨ 우수한 신인작가들이 배출되기 시작하였다.

優秀(ゆうしゅう)な新人(しんじん)作家(さっか)たちが輩出しはじめた。

cf) 送(おく)り出(だ)す(他) : (현관이나 대문까지) 배웅하다, (졸업생을)
　　　　　　　　　　　　　　　　내보내다, (물건을) 보내다

⇨ 손님을 현관까지 배웅하다.
　　客を玄関まで送り出す。

⇨ 금년 2월 졸업생 11,357명을 내보냈다.
　　今年2月卒業生11,357人を送り出した。

⇨ 좋은 제품을 만들어 사회에 내보냈다.
　　よい製品(せいひん)を作って社会へ送り出した。

⇨ 이 학교는 우수한 인재를 배출한 명문교이다.
　　この学校は優秀な人材(じんざい)を送り出した名門校(めい
　　もんこう)である。

5 자랑하다 : 誇(ほこ)る, 自慢(じまん)する, 威張(いば)る

⇨ 창업 300년을 자랑하는 백화점.
　　創業(そうぎょう)300年を誇る百貨店。

⇨ 그녀가 아들 자랑하는 것도 무리는 아니다.
　　彼女が息子を自慢するのも無理ではない。

⇨ 권력을 믿고 마구 으스대는 사람은 자신보다 강한 자에게 의
　　외로 약하다.
　　権威(けんい)をかさに着て威張り散(ち)らす人は自分より強
　　い者に対して案外(あんがい)弱い。

cf) 노래자랑 : 喉自慢(のどじまん)。

⇨ 동네 노래자랑 대회.
　　町内(まちない)喉自慢大会。

⇨ 매주 일요일 점심시간에는 노래자랑 대회를 볼 수 있다.
　　毎週日曜日昼休みには喉自慢大会が見られる。

cf) 자랑스럽다 : 誇(ほこ)らしい, 誇(ほこ)らかだ

⇨ 자랑스러운 기분이 되다.

<u>誇らしい</u>気持になる。

⇨ 자랑스러운 태도.

<u>誇らかな</u>態度(たいど)。

⇨ 자랑삼다.

自慢の種(たね)にする。

⇨ 자랑거리.

自慢の種。

6 전직~ : (접두) 元(もと)~

⇨ <u>전직</u> 대통령. 元大統領(だいとうりょう)。

⇨ <u>전직</u> 수상. もと首相(しゅしょう)。

⇨ <u>전직</u> 국회의원.

元国会議員(こっかいぎいん)。 もと代議士(だいぎし)。

⇨ <u>전직</u>교사. もと教師

cf) 前(ぜん)~ : (접두)바로 이전, 이전의

⇨ <u>전</u>대통령. <u>前</u>大統領。

⇨ <u>전</u>국회의원. <u>前</u>代議士。

⇨ <u>전</u>반부. <u>前</u>半部(ぜんはんぶ)。

⇨ <u>전</u>년도. <u>前</u>年度(ぜんねんど)。

⇨ <u>전</u>세기. <u>前</u>世紀(ぜんせいき)。

7 호되다 : 酷(ひど)い, 手痛(ていた)い, 手酷(てひど)い, こっ
酷(ぴど)い, 厳(きび)しい, 手厳(てきび)しい

⇨ <u>혹독한</u> 추위. <u>ひどい</u>寒さ。

⇨ 호된 비판. <u>手痛い</u>批判(ひはん)。

⇨ 호된 비난. <u>手酷い</u>非難(ひなん)。

⇨ 외관으로 판단하면 호되게 당해요.

　　外見で判断すると、<u>こっ酷い目</u>(め)に遭(あ)いますよ。

⇨ 호된 처벌. <u>厳しい</u>処罰(しょばつ)。

⇨ 제자들은 스승의 <u>호된</u> 가르침에 따라 눈에 띄게 실력이 향상
　되었다.

　　弟子(でし)たちは師(し)の<u>手厳しい教</u>(おし)えによってめきめ
　　き力をつけていた。

cf) 散々(さんざん)(副, ～な, ～に) : (매우 심한 상태, 나쁜 상태) 굉장
　　　　　　　　　　　　　　　　　　　　　히, 호되게

　⇨ 산 속에서 길을 헤매 굉장히 돌아다녔다.

　　　山の中で道に迷(まよ)い、<u>さんざん</u>歩き回った。

　⇨ 나쁜 사람에게 둘러싸여 호되게 당했다.

　　　悪い人たちにかこまれて、<u>さんざんな目</u>(=ひどいことに出会う)
　　　にあわされた。

8 주입하다 : 詰(つ)め込(こ)む, 注(そそ)ぎこむ, 注入(ちゅう
　　　　　　　　　　にゅう)する, (N) 注入

⇨ 지식을 머리에 <u>주입하다</u>.

　　知識(ちしき)を頭に<u>詰めこむ</u>。

⇨ 그는 가진 돈을 주식에 쏟아 부어 큰 돈벌이를 했다고 한다.

　　かれは有(あ)り金(がね)を株(かぶ)に<u>注ぎ込み</u>大もうけをした
　　そうだ。

⇨ 그는 가지고 있던 돈을 모두 쏟아 부어서, 회사가 도산한 후
　에는 빈털터리가 되었다.

　　彼は持っていた金をすべて<u>注ぎ込ん</u>でいたので、会社が倒産
　　(とうさん)したあとは一文無(いちもんな)しになってしまった。

⇨ 정치에 새로운 시대정신을 <u>주입하다</u>.

政治に新しい時代精神を<u>ちゅうにゅうする</u>。

⇨ '<u>주입식교육</u>'이란, 교사가 일방적으로 지식・기술을 주어, 학생
에게 외우게 하는 교육. 또는 '몰입교육'이라고도 한다.

'<u>注入教育</u>'とは、教師が一方的に知識・技術を与え、生徒に
記憶させる教育。また'詰(つ)め込(こ)み教育'ともいう。

9 지치다 ： 疲(つか)れる, 疲れ切る, へとへとに疲れる, 疲れ果
(は)てる, 佗(わ)びる, くたびれる, へたばる, ばてる

⇨ 매우(완전히) <u>지치다</u>.

綿(わた)のように<u>疲れる</u>。

⇨ 공부에 <u>지쳐서</u> 이젠 책도 보기 싫다.

勉強に<u>疲れ切って</u>もう本を見るのもいやだ。

⇨ 매일 매일의 일 때문에 <u>지친다</u>. (녹초가 된다)

日々の仕事のために活力が<u>へとへとに疲れる</u>。

⇨ 정신적으로나 육체적으로나 <u>완전히 지쳐</u> 버리는 일이 적지 않다.

精神的(せいしんてき)にも肉体的(にくたいてき)にも<u>疲れ果
てる</u>ことが少なくない。

⇨ 기다림에 <u>지치다</u>.

待ち<u>佗びる</u>。 待ち<u>くたびれる</u>。

⇨ 하루 10리쯤 걸어도 <u>지칠</u> 내가 아니지.

日(ひ)に一里位(いちりぐらい)歩いても<u>へたばる</u>私ではないぞ。

⇨ 그는 요즈음 바쁜 듯 꽤 <u>지친</u> 모습이었다.

彼は、このところ忙しいらしく、ずいぶんと<u>ばてた</u>様子だった。

cf) 飽(あ)き飽(あ)き ： (지쳐서) 진절머리 남, 넌덜머리 남

⇨ 장마철의 오랜 비로 싫증이 난 아이들은 날씨가 개자 일제히
밖에 뛰쳐나갔다.

梅雨(つゆ)の長雨(ながあめ)に<u>飽き飽き</u>していた子供たちは

晴(は)れるといっせいに外へ飛び出して行った。

cf) 消耗(しょうもう)する : 소모하다, 지치다

⇨ 체력을 <u>소모하다</u>.

体力を<u>しょうもう</u>する。

⇨ 오늘은 <u>지쳤다</u>.

きょうは<u>消耗</u>した。

10 거의 : ほとんど, ほぼ, 大部分(だいぶぶん), 粗方(あらかた),
あらまし

⇨ 보리타작도 <u>거의</u> 끝났다.

麦(むぎ)脱穀(だっこく)も<u>ほとんど</u>終わった。

⇨ 떠날 시간이 <u>거의</u> 다 되었으니 출발 준비를 합시다.

<u>ほぼ</u>出かける時間になったから出発の準備をしましょう。

⇨ <u>거의</u> 완성되었다.

<u>大部分</u>完成された。

⇨ 오랫동안 사귀었기에, 그가 무엇을 고민하고 있는지 <u>대충</u> 짐작
했다.

長いつきあいなので、彼が何を悩(なや)んでいるのか<u>あらか
た</u>察(さっ)しがついた。

⇨ 지난 달 일은 <u>거의</u> 완성되었다.

先月、仕事は<u>あらまし</u>完成(かんせい)された。

11 맹렬하다 : 猛烈(もうれつ)だ, 激(はげ)しい

⇨ <u>맹렬한</u> 연습. <u>猛烈な</u>練習。

⇨ <u>맹렬한</u> 속도. <u>猛烈な</u>速度(そくど)。

⇨ 그는 그녀와 <u>열정적인</u> 사랑에 빠졌다.

彼は彼女と激しい恋(こい)に落ちた。

12 〜ㄴ 나머지 (〜ㄴ 끝에) : 〜の余(あま)り, 〜たあまり, 〜たあげく, 〜の末(すえ), 〜た末

⇨ 喜(よろこ)びの余(あま)り躍(おど)り上がった。
기쁜 나머지 펄쩍 뛰어올랐다.

⇨ 놀란 끝에 실신하다.
驚(おどろ)きの余り失神(しっしん)する。

⇨ 먼 동쪽의 큰 섬에서 온 임금님은 놀란 나머지 의자에서 넘어져 떨어질 뻔 했다.
東の方の遠くて大きな島からやってきた王様はびっくりしたあまりに椅子から転(ころ)げ落(お)ちそうになってしまった。

⇨ 이틀간 돌아다녀 녹초가 될 정도로 고생한 끝에, 겨우 발견한 먹이는 세 마리였다.
二日間(ふつかかん)歩き回ってくたくたになるほど骨(ほね)を折(お)ったあげく、やっと見つけた獲物(えもの)は三匹(さんびき)だった。

⇨ 산에서 길을 헤매어, 몹시 걸어 다닌 나머지 추위와 피로로 목숨을 잃는 경우가 있다.
山で道に迷(まよ)うと、散々(さんざん)歩(ある)き回(まわ)ったあげく寒さと疲れのために命(いのち)を落(お)とすことがある。

⇨ 이런저런 의논 끝에, 이번 체육대회에는 반전체가 참가하기로 결정했다.
あれこれ議論(ぎろん)の末、今度の体育大会には、クラス全員が参加することに決まった。

⇨ 며칠이나 고민한 끝에 나는 친구에게 거절 편지를 썼다.
いく日も思い悩(なや)んだ末、ぼくは友だちに断(ことわ)りの返事を書いた。

13 일단 : いったん, 一度(ひとたび), ひとまず

⇨ 일단 정지.　いったん停止(ていし)。
⇨ 일단 유사시에는 이렇게 행동하자.
　ひとたび事(こと)あるときにはこんなに行動しよう。
⇨ 열도 꽤 내렸으니, 일단 이걸로 안심이다.
　熱もだいぶ下がったし、ひとまずこれで安心だ。

14 아주 (완전히) ～ 하다 : (後項v) ～果(は)てる, ～切(き)る

⇨ 몹시 기가 막히다(어처구니가 없다).
　あきれはてる(切る)。
⇨ 아주 지쳐버리다.
　つかれはてる(切る)。

cf) 果(は)てる : 극도로 ～하다, 끝나다, 끊어지다, 죽다
　⇨ 극도로 지쳐버리다.
　　疲れはてる。
　⇨ 연회가 끝나다.
　　宴(えん)がはてる。
　⇨ 말이 끝나기도 전에.
　　言いはてぬうちに。
　⇨ 인적이 끊어지다.
　　人通(ひとどお)りが果てる。
　⇨ 생명이 다할 때까지(죽을 때까지).
　　命(いのち)はてるまで。

15 낙제 : 落第(らくだい), 留年(りゅうねん), 不合格(ふごうかく)

⇨ 낙제점. 落第点(てん)。

⇨ 간신히 낙제를 면했다.

辛(かろ)うじて落第を免(まぬか)れた。

⇨ 그는 대학에서 2년 낙제했기 때문에 우리보다 손위야.

彼は大学で二年落第しているから、ぼくたちより年上だよ。

⇨ 바쁜 아르바이트로 거듭 결석하여 결국 유급하게 되었다.

アルバイトが忙(いそが)しくて欠席が重(かさ)なり、とうとう留年することになった。

⇨ 그 조사 결과에 의해, 7할 이상의 제품이 불합격이라는 문제가 발각되었다.

その調査結果(ちょうさけっか)により、7割以上の製品が不合格という問題が発覚(はっかく)した。

일본어번역문 9-A

　東京大学は日本で最も権威ある最高学府である。首相、高級官僚、外交官、指導的な経済人など多くの人材が世に輩出したことを見ると、確かに誇るべきだろう。しかしその大学の前総長は次のように言ったことがある。「厳しい詰めこみ教育を受けて東京大学に入ってきた学生は入学した時には完全に疲れ果てている」と。

　日本の学生が大学でほぼ勉強しないと言うのは韓国と同じである。猛烈に勉強のあまりいったん目ざす大学に入ると、若者たちはもう人生の目標に達したのじゃないかという気分になる。疲れ切って、それ以上勉強する意志も残っていないだけではなく必要も感じないのである。

　大学に入ると落第はほとんどない。日本の大学は入るにはむずかしいが、出るには易しいのである。それに比べてアメリカとイギリスはその反対で、入学は易しいが卒業は難しいのである。

일본어번역문 9-B

　東京大学は日本で最も権威ある最高学府である。首相、高級官僚、外交官、指導的な経済人など多くの人材を送り出したことを見ると、確かに誇るべきだろう。しかし、その大学の元総長は次のように言ったことがある。「さんざん詰めこみ教育を受けて東京大学に入ってきた学生は入学した時には完全に消耗し切っている」と。

　日本の学生が大学でほとんど勉強しないというのは韓国と同じである。猛烈な勉強のあげく、いったん目ざす大学に入ると　若者たちはもう人生の目標に達したかのような気分になる。疲れ果てて、それ以上勉強する意志も残っていないか、あるいは必要も感じないのである。

　大学に入ると落第はほとんどない。日本の大学は入るのはむずかしいが、出るのは易しいのである。それに比べてアメリカとイギリスはその逆で、入学は容易でも卒業は困難なのである。

10

전후의 한국경제 발전

돌이켜 보면 고작 30여년전, 한국동란이 끝날 무렵의 한국은 참으로 빈털터리였다. 한국에 남겨진 것은 가난한 농업지역 뿐이었다. 조금 존재하던 섬유산업, 경기계산업의 생산설비도 1950년부터 3년 남짓한, 이 반도를 무대로 치열하게 계속된 전란의 「파괴의 롤러」에 의하여 모든 것이 파괴되었다.

이러한 한국이 현대, 삼성, 대우와 같은 이름으로 알려진 몇몇 국제적 대기업을 가지고 선진국을 바짝 뒤쫓으며 올림픽 개최지로 선정되고, OECD의 가맹까지도 세평에 오르기에 이르렀다. 이런 날을 맞이할 줄이야 당시 그 누가 예상이나 할 수 있었겠는가?

1960년대 초 이후의 한국경제의 움직임은 눈부실 정도로 훌륭하다. 제2차 세계대전 후의 선진 세계 중에 단기간에 가장 급속한 성장을 이룩한 나라는, 다름 아닌 일본이지만, 한국의 성장실적은 이러한 일본의 경험마저도 상회하였다.

한국의 공업성장률, 투자증가율, 수출증가율 등의 각종 지표는, 일단 상승을 개시하자 일본보다도 한층 빠른 움직임을 보였던 것이다.

한자단어

- 동란 : 動乱(どうらん)
- 섬유 : 繊維(せんい)
- 경기계 : 軽機械(けいきかい)
- 무대 : 舞台(ぶたい)
- 가맹 : 加盟(かめい)
- 제2차 : 第二次(だいにじ)
- 선진 : 先進(せんしん)
- 급속 : 急速(きゅうそく)
- 실적 : 実績(じっせき)
- 성장률 : 成長率(せいちょうりつ)
- 투자증가율 : 投資増加率(とうしぞうかりつ)
- 지표 : 指標(しひょう)

- 농업지역 : 農業地域(のうぎょうちいき)
- 산업 : 産業(さんぎょう)
- 생산설비 : 生産設備(せいさんせつび)
- 대기업 : 大企業(だいきぎょう)
- 경제 : 経済(けいざい)
- 세계대전 : 世界大戦(せかいたいせん)
- 단기간 : 短期間(たんきかん)
- 성장 : 成長(せいちょう)
- 공업 : 工業(こうぎょう)
- 수출 : 輸出(ゆしゅつ)

- 상승 : 上昇(じょうしょう)

중요단어 및 어구

1 돌이키다 : 振(ふ)り返(かえ)る, 振り向(む)く, 顧(かえり)み
る, 取り戻(もど)す, 入(い)れ替(か)える

⇨ 과거를 <u>돌이켜</u> 보다.
　<u>過去</u>(かこ)を<u>振り返</u>ってみる。

⇨ 이쪽을 <u>돌아다보지도</u> 않고 떠나다.
　こちらを<u>ふりむき</u>もしないで立ち去(さ)る。

⇨ <u>돌이켜 보아</u> 후회할 바가 없다.
　<u>顧みて</u>悔(く)いる所がない。

⇨ 지나온 반생을 <u>돌이켜 보다</u>.
　過ぎこし半生(はんせい)を<u>顧みる</u>。

⇨ <u>돌이킬</u> 수 없는 실패.
　<u>取りもどし</u>のつかない失敗。

⇨ 마음을 <u>돌이키다</u>.
　心を<u>入れ替える</u>。

2 고작 : たかだか, 精一杯(せいいっぱい), わずか, 高(たか)が,
やっとのことで, せいぜい

⇨ 출석자는 <u>고작</u> 10명이다.
　出席者は<u>たかだか</u>十人だ。

⇨ 자기 혼자 먹고 사는 것이 <u>고작</u>이다.
　自分ひとり食べていくのが<u>精一杯</u>だ。

⇨ 10개 있던 사과가, <u>고작</u> 하나 밖에 남아있지 않다.
　十(とお)あったリンゴが、<u>わずか</u>一つしか残(のこ)ってない。

⇨ 그는 <u>기껏</u> 샐러리맨이잖아.
　彼は<u>たかが</u>サラリーマンじゃないか。

⇨ 고작 십리 걸었다.

やっとのことで一里歩いた。

⇨ 그날그날 살아가는 것이 고작이다.

毎日暮らして行くのがせいぜいだ。

3 빈털터리 : すかんぴん, すってんてん, 一文(いちもん)なし,

無一文(むいちもん), すっからかん

⇨ 완전한 빈털터리가 되어버렸다.

全くのすかんぴんになってしまった。

⇨ 그는 사업실패로 빈털터리가 됐다.

彼は事業(じぎょう)の失敗(しっぱい)ですってんてんになった。

⇨ 장사에 실패하여 빈털터리가 되었다.

商売(しょうばい)に失敗して一文なしになった。

⇨ 거의 맨주먹으로 장사를 시작하다.

ほとんど無一文で商売を始める。

⇨ 어느 날 돌연히 빈털터리로 상경했다.

ある日さっとむいちもつで上京(じょうきょう)した。

⇨ 텅텅빈 지갑.

すっからかんの財布(さいふ)。

⇨ 그는 주식투기에 손을 대어 빈털터리가 되었다.

彼は株式相場(そうば)に手を出してすっからかんになった。

4 남기다 : 残(のこ)す, 余(あま)す

⇨ 호랑이는 죽어서 가죽을 남기고 사람은 죽어서 이름을 남긴다.

虎(とら)は死んで皮(かわ)を残し、人は死んで名(な)を残す。

⇨ 그는 그 문제를 남김없이 설명했다.

彼はその問題を余すところなく説明した。

5 남짓 : (N) 余(あま)り

⇨ 내가 가지고 있는 것은 5파운드 남짓이다.

私が持っているものは5パウンド<u>あまり</u>である。

⇨ 신장이 6척 남짓하다.

身丈(みたけ)が六尺(ろくしゃく)<u>余り</u>だ。

⇨ 나는 동경에서 5년 남짓 살고 있다.

私は東京に5年<u>余り</u>住んでいる。

⇨ 삼십 남짓한 여자.

三十<u>余り</u>の女。

6 가지다 : 持(も)つ, 擁(よう)する(= have)

⇨ 많은 재산을 가지다.

巨万(きょまん)の財産を<u>持つ</u>。

⇨ 대군을 가지고(거느리고) 최후의 싸움을 걸었다.

大軍(たいぐん)を<u>ようして</u>最後の戦(たたか)いを挑(いど)んだ。

cf) 擁(よう)する : 껴안다, 수용하다, 거느리다, 가지다

⇨ 30년 만에 만난 자매는 서로 껴안고 울었다.

30年ぶりに逢った姉妹は相<u>擁し</u>て泣いた。

⇨ 울산은 인구 백만을 수용하는 대도시이다.

ウルサンは人口百二十万を<u>擁する</u>大都市である。

⇨ 유치원에서 고등학교까지 거느리는 학원을 안내한다.

幼稚園(ようちえん)から高等学校までを<u>擁する</u>学園を案内する。

7 바짝 : からからに, ぎりぎりと, ぐっと, ぐんぐん(と), めっきりと

⇨ 빨래가 <u>바짝</u> 마르다.

　洗いものが<u>からからに</u>乾(かわ)く。

⇨ 허리띠를 <u>바짝</u> 졸라매다.

　帯(おび)を<u>ぎりぎりと</u>引きしめる。

⇨ 강물이 <u>바짝</u> 줄어들었다.

　川水(かわみず)が<u>ぐっと</u>減ってきた。

⇨ 기온은 <u>바짝</u> 상승했다.

　気温(きおん)は<u>ぐんぐん</u>上がっている。

⇨ 작년보다 <u>부쩍</u> 늙어 버렸다.

　去年より<u>めっきりと</u>老(ふ)け込んだ。

8 뒤쫓다 : 追(お)いかける, 追い上(あ)げる

⇨ 소매치기를 <u>뒤쫓다</u>.

　すりを<u>追いかける</u>。

⇨ 미국 선수가 바짝 <u>뒤쫓아</u> 와 앞 주자를 추월했다.

　アメリカの選手が<u>追い上げ</u>てきて前の走者(そうしゃ)を追い
越(こ)した。

9 ～까지도 (조차) : ～すら, ～さえ, ～でさえ

⇨ 대학생<u>조차</u> 풀 수 없는 문제를 중학생이 풀었다.

　大学生<u>すら</u>できない問題を中学生が解(と)いた。

⇨ 부모에게 <u>조차</u> 알리지 않았다.

　親に<u>すら</u>知らせなかった。

⇨ 어린아이<u>조차도</u> 그런 것은 안다.

　子供で<u>さえ</u>そんなことはわかる。

10 세평 : 世評(せひょう), 取(と)り沙汰(ざた)

⇨ 세평에 신경을 쓰다.
世評を気にする。

⇨ 세평에 오르다.
世評に上(のぼ)る。取りざたされる。

⇨ 그의 과거에 대하여 여러 가지 풍문이 돌고 있다.
彼の過去(かこ)についてはいろいろと取りざたされている。

⇨ 은퇴한다는 풍문이 돌고 있다.
引退(いんたい)がとりざたされている。

11 오르다 : 上(のぼ)る

⇨ 동네 사람의 입에 올랐다.
村人(むらびと)の口に上った。

⇨ 화제에 올랐다.
話題(わだい)に上った。

12 ~할 줄이야 : ~(る)こと, ~とは

⇨ 그가 올 줄 알았다.
彼が来ることは知っていた。

⇨ 여기서 너를 만날 줄은 꿈에도 몰랐다.
ここで君に会おうとは夢にも思わなかった。

⇨ 설마 이렇게 될 줄이야.
まさかこんなになろうとは。

13 ～할 수 있다 : ～得(え)る (終止形, 連体形은 흔히 「うる」로 됨)

⇨ 혼자서는 할 수 없다.
  ひとりでは成しえない。

⇨ 그런 일은 있을 수 있다.
  そんなことはありうる。

⇨ 생각할 수 있는 온갖 수단을 다 쓰다.
  考えうる限(かぎ)りの手をつく。

14 눈부시다 : まぶしい, 目覚(めざ)ましい, 華華(はなばな)し
  い, すばらしい, まばゆい

⇨ 눈부시게 흰 눈.
  まぶしいほど白い雪。

⇨ 한국의 과학기술은 눈부신 진보를 이룩했다.
  韓国の科学技術(かがくきじゅつ)はめざましい進歩(しんぽ)
  を遂(と)げた。

⇨ 눈부신 활약.
  華華しい活躍(かつやく)。すばらしいばかりの活躍。

⇨ 구름사이로 눈부신 달빛이 비추자 억새들판이 황금색으로 변
  했다.
  雲間(くもま)からまばゆい月の光が差すと、すすきの原(は
  ら)が黄金(おうごん)に色を変えた。

⇨ 왕관 가운데 다이아몬드가 유달리 눈부시게 빛나고 있다.
  王冠(おうかん)の中央でダイヤモンドがひときわまばゆく輝
  (かがや)いている。

15 다름 아니다(바로～이다) : ほかでもない, ほかならぬ, まさに～
  べきものだ, 間違(まちが)いない

⇨ 내가 여기 온 것은 <u>다름 아닌</u> 너를 만나러 온 거야.

　ここに私が来たのは<u>ほかでもない</u>君に会いに来たのだよ。

⇨ <u>다름 아닌</u> 당신의 부탁이니 받아들이죠.

　<u>ほかならぬ</u>あなたの頼みですから、お引き受けしましょう。

⇨ 그 행위는 분명히 <u>죄악</u>이다.

　その行為は罪悪(ざいあく)に<u>ほかならない</u>。

⇨ 노력의 결과임에 <u>틀림없다</u>.

　努力の結果に<u>ほかならない</u>。

⇨ 개발은 <u>반드시</u> 자연보호를 기반으로 하여 행해져야만 한다.

　開発は<u>まさに</u>自然保護を基盤(きばん)として行われる<u>べきも</u>

　<u>のである</u>。

⇨ 이 일에 관해서는 저 사람만큼 <u>적당한</u>(틀림없는) 사람이 없다.

　この仕事にかけては、あの人ほど<u>間違いのない</u>人はいない。

16 ～마저(도) : ～まで(も), ～すら(も)

⇨ 신발<u>까지</u> 잃어버렸다.

　靴<u>まで</u>失ってしまった。

⇨ 문장은 물론 이름<u>조차도</u> 만족하게 쓸 수 없다.

　文章はおろか名<u>前すらも</u>満足(まんぞく)に書けない。

17 상회하다 : 上回(うわまわ)る

⇨ 목표를 <u>상회하다</u>.

　目標を<u>上回る</u>。

⇨ 총액은 백만엔을 훨씬 <u>상회하고</u> 있다.

　総額(そうがく)は百万円をはるかに<u>上回って</u>いる。

⇨ 수확이 예상을 <u>상회하다</u>.

　収穫(しゅうかく)が予想(よそう)を<u>上回る</u>。

18 ~하자 (곧), ~하자 (마자) : 「V의 종지형 + や(否(いな)や)」의
형, ~たとたんに, ~が早いが,
~するとすぐ

⇨ 그것을 <u>보자</u> 울기 시작했다.

それを見る<u>や</u>泣きだした。

⇨ 이 소식에 접<u>하자마자</u> 구원하러 출동했다.

この報(しら)せに接(せっ)する<u>や</u>救援(きゅうえん)に出動
(しゅつどう)した。

⇨ 전차가 서<u>자마자</u> 승객이 쇄도했다.

電車が止まる<u>や否や</u>乗客(じょうきゃく)が殺到(さっとう)した。

⇨ 하늘이 어두워지는 <u>순간</u> 비가 오기 시작했다.

空が暗くなった<u>とたん</u>、雨が降り出した。

⇨ 어머니를 만나<u>자마자</u> 울음을 터뜨렸다.

お母さんに逢(あ)った<u>とたんに</u>泣(な)き出(だ)した。

⇨ 그 아이는 학교에서 돌아오<u>자마자</u>, 가방을 내팽개치고 놀러 나
갔다.

あの子は、学校から帰る<u>が早いか</u>、かばんを放(ほう)り出し
て遊びに行く。

⇨ 할머니는, 초등학교를 졸업<u>하자마자</u>, 부자 집 대저택에 고용살
이로 갔다고 한다.

祖母は、小学校を卒業<u>するとすぐ</u>、金持ちの屋敷へ奉公(ほ
うこう)に行ったそうだ。

19 한층 : 一層(いっそう), 一段(いちだん), もっと, ひとしお(一入)

⇨ 온난화의 영향으로 작년보다 <u>한층</u> 더워졌다.

温暖化の影響で、去年より<u>一層</u>暑くなった。

⇨ 그녀는 검정 옷을 입었더니 <u>한층</u> 아름다웠다.

彼女は黒い服を着たら<u>一段</u>と美しかった。

⇨ 일기예보에 의하면, 내일은 날씨가 <u>더욱</u> 더워진데요.

天気予報によると、明日は<u>もっと</u>暑くなるそうですね。

⇨ 가을 해질 녘 무렵은 쓸쓸함이 <u>한층</u> 더 몸에 스며든다.

秋の夕暮(ゆうぐれ)時は、寂しさが<u>ひとしお</u>身にしみる

일본어번역문 10-A

<u>振り返ってみれば</u>、せいぜい三十数年前、韓国<u>戦乱</u>が終る<u>ころ</u>の韓国は<u>実に一文なし</u>であった。韓国に残されたのは貧しい農業地域<u>ばかり</u>であった。わずかに存在した繊維産業、軽機械産業の生産設備も一九五十年から三年<u>あまり</u>、この半島を舞台では<u>げしく</u>続いた戦乱の「破壊のロ-ラ-」によってすべて(のこと)が<u>破壊された</u>。

そのような韓国が現代、三星、大宇のような<u>名前</u>で<u>知られた</u>いくつかの国際的大企業を<u>持って</u>、先進国をぐっと<u>追いかけて</u>オリンピックの開催地として選定され、OECD<u>加盟</u>までも<u>世評に上った</u>。この日を迎えることを当時だれが<u>予想し得た</u>であろうか。

一九六十年代初期<u>以後</u>の韓国経済の動きは目覚ましいほど<u>立派</u>だ。第二次世界大戦後の先進世界の中に短期間にもっと急速な成長<u>をとげた国</u>は、ほかならぬ日本であるが韓国の成長実績はこの日本の経験まで<u>も</u>上回った。

韓国の工業成長率、投資増加率、輸出増加率などの諸指標は、<u>一段</u>上昇を<u>開始すると</u>日本よりも<u>一層</u>速い動きを見せたこ

とである。

일본어번역문 10-B

　かえりみれば、たかだか三十数年前、韓国動乱を終えた頃の韓国はほんとうに無一物であった。韓国に残されたのは、貧しい農業地域のみであった。わずかに存在した繊維産業、軽機械産業の生産設備も一九五十年から三年余り、この半島を舞台に激しく続いた動乱の 「破壊のロ-ラ-」によってすべてがおしつぶされたのである。

　そのような韓国が現代、三星、大宇といった名称で知られるいくつかの国際的大企業を擁して先進国をぐんぐんと追い上げながらオリンピックの開催地に選ばれ、OECD加盟すらもがとりざたされるに至った。この日を迎えることを、当時誰が予想しえたであろうか。

　一九六十年代初期以降の韓国経済の動きは目覚ましいほど見事である。第二次世界大戦後の先進世界の中で短期間にもっとも急速な成長を遂げた国は、ほかならぬ日本であるが韓国の成長実績はこの日本の経験すら上回った。

　韓国の工業成長率、投資増加率、輸出増加率などの諸指標は、ひとたび上昇を開始するや、日本よりもいちだんと速い動きを見せたのである。

11

일본 중고생의 규칙생활과 학부모 항의

선생님이 지나치게 엄격하다고 불평하는, 일본의 중학생이나 고등학생이 얼마나 가혹한 꼴을 당하고 있는지 생각해 보자. 그들은 매일 매일 지독하고 또 엄격한 수많은 교칙을 따르지 않으면 안 되는 것이다. 그 내용은 학교에 따라 다소 다르다고 하지만, 규격화를 위한 열의는 어디에서나 지나치다. 예를 들면, 어떤 학교의 경우, 운동화의 끈을 꿰는 구멍은 12개로 정해져 있어 그 이상도 이하도 안 된다. 여학생의 치마 주름의 수나 남녀를 불문하고 머리칼의 길이를 센티미터 단위로 정하고 있는 학교도 흔히 있는 것이다.

도쿄의 어느 여고에서는 교칙에 정해져 있는 흰색 이외의 속옷을 입은 학생이 있는지 불시의 검사를 하였다. 무늬가 있든가 색깔이 있는 속옷을 입고 있던 학생들은 급우들 앞에서 교단에 세워져, 「너희들 머릿속은 술장사하는 여자들과 같애」라고 교사에게 힐책을 당했다.

지금까지는 학생 자신이나 부모도, 이러한 굴욕적인 교칙에 대하여 뒤에서 투덜투덜 불평하던가, 가끔 항의하는 정도의 반응밖에 나타내지 않았다. 그러나 금년 초경부터 항의의 물결이 확산되기 시작하였다.

한자단어

- 엄격하다 : 厳(きび)しい
- 다소 : 幾分(いくぶん)
- 열의 : 熱意(ねつい)
- 끈 : 紐(ひも)
- 이상 : 以上(いじょう)
- 단위 : 単位(たんい)
- 속옷 : 下着(したぎ)
- 무늬 : 模様(もよう)
- 교단 : 教壇(きょうだん)
- 뒤 : 陰(かげ)
- 반응 : 反応(はんのう)
- 물결 : 波(なみ)
- 교칙 : 校則(こうそく)
- 규격화 : 規格化(きかくか)
- 운동화 : 運動靴(うんどうぐつ)
- 구멍 : 穴(あな)
- 이하 : 以下(いか)
- 흰색 : 白色(はくしょく)
- 검사 : 検査(けんさ)
- 급우 : 級友(きゅうゆう)
- 굴욕적 : 屈辱的(くつじょくてき)
- 불평 : 不平(ふへい)
- 항의 : 抗議(こうぎ)

중요단어 및 어구

1 엄격하다 : 厳(きび)しい, 厳格(げんかく)だ, 厳重(げんじゅう)だ, 苛酷(かこく)だ

⇨ 엄한 가정에서 자랐다.
　厳しい家庭(かてい)で育(そだ)った。

⇨ 그는 엄격한 부친 아래에서 엄하게 배워왔다.
　彼は厳格な父親のもとで厳しくしつけられた。

⇨ 단속이 엄하다.
　取(と)り締(し)まりが厳重だ。

2 불평 : 不平(ふへい), 文句(もんく)

⇨ 불평을 털어놓다.
　不平を並べる。不平を鳴(な)らす。

⇨ 사회에 대해 불평을 말하다.
　社会(しゃかい)に対して不平を言う。

⇨ 자네는 내가 하는 일에 하나하나 불평이네.
　君は僕がやることにいちいち文句を言うね。

⇨ 할 말 있다. 이의 있다.
　文句有(あ)る。

⇨ 무조건 찬성하다.
　文句無(な)しに賛成(さんせい)する。

⇨ 트집잡다. 시비를 걸다.
　文句をつける。

3 가혹하다 : 過酷(かこく)だ, 酷(ひど)い, 厳(きび)しい

⇨ 가혹한 형벌을 가하다.
　過酷な刑罰(けいばつ)を加(くわ)える。

⇨ 군주는 지주의 이익만을 옹호하고 소작인들한테는 <u>가혹하게</u>
　대했다.
　君主(ぐんしゅ)は地主(じぬし)の利益(りえき)のみを擁護(ようご)し
　小作人(こさくにん)たちへは<u>過酷</u>に対した。

⇨ 그는 형무소에서 <u>가혹한</u> 취급을 받았다.
　彼は刑務所(けいむしょ)で<u>ひどい</u>扱(あつか)いを受けた。

⇨ 재판관은 피고에게 <u>가혹한</u> 판결을 내렸다.
　裁判官(さいばんかん)は被告(ひこく)に<u>厳しい</u>判決(はんけつ)
　を下(くだ)した。

4 당하다 : 〜(ら)れる, 受(う)ける, あう

⇨ 학생들 앞에서 창피당하다.
　学生の前で恥(はじ)をかかさ<u>れる</u>。

⇨ 모욕당하다.
　侮辱(ぶじょく)を<u>受ける</u>。

⇨ 가혹한 꼴을 당하다.
　ひどい目に<u>あう</u>。

5 매일 매일 : 毎日(まいにち)毎日, 来(く)る日(ひ)も来る日も

⇨ 매일 매일 5시에 일어나 지독하게 어학 연구에 빠진다.
　<u>毎日毎日</u>、五時ごろ起きて恐ろしく語学の研究に夢中に
　なっている。

⇨ 두부장수는 두부를 매일 매일 아파트 문 밑에 놓아둔다.

豆腐屋(とうふや)さんは豆腐を来る日も来る日もアパートの
ドアの入口に置く。

6 지독하다 : ひどい, (もの)すごい, 恐(おそ)ろしい

⇨ 지독한 감기에 걸리다.
　ひどい風邪(かぜ)をひく。
⇨ 그는 지독한 근시다.
　彼はひどい(すごい)近視(きんし)だ。
⇨ 강은 인간에게 은혜를 주는 한편 지독한 재해도 일으킨다.
　川は人間に恵(めぐ)みを与(あた)えてくれる一方で、恐ろし
　い災害(さいがい)も引(ひ)き起(お)こす。

cf) 凄(すさ)まじい : 무시무시하다, 기가 막히다
　⇨ 제트기의 무시무시한 폭음이 들렸다.
　　ジェット機のすさまじい爆音(ばくおん)が聞こえた。
　⇨ 이것이 명작이라니 기가 막힌다 (어이없다).
　　これが名作(めいさく)だとはすさまじい。

cf) おびただしい : 엄청나다, (정도가) 심하다
⇨ 엄청난 수의 군중이 대통령의 도착을 기다리고 있었다.
　おびただしい数(かず)の群衆(ぐんしゅう)が大統領の到着(と
　うちゃく)を待ち受けていた。
⇨ 도금공장의 폭발 때문에 피해는 심했다.
　メッキ工場の爆発(ばくはつ)のために被害はおびただしいも
　のだった。
⇨ 막심한 손해.
　おびただしい損害(そんがい)。

7 수많은 : 数々(かずかず)の, たくさんの, 大勢(おおぜい)の,
夥(おびただ)しい, 幾多(いくた)の

⇨ <u>수많은</u> 작품이 진열되어 있다.
<u>数々の</u>作品が並べてある。

⇨ 전쟁으로 <u>많은</u> 사람이 죽었습니다.
戦争で<u>たくさんの人</u>が死(し)にました。

⇨ <u>많은</u> 입장객으로 회장이 북적거리다.
<u>大勢の</u>入場者(にゅうじょうしゃ)で会場(かいじょう)がごた
つく。

⇨ 그의 연주회에 <u>많은</u> 청중이 모였다.
彼の演奏会(えんそうかい)に<u>大勢の</u>聴衆が集まった。

⇨ <u>수많은</u> 군중.
<u>夥しい</u>群衆(ぐんしゅう)。

⇨ <u>숱한</u> 시련에 견디다.
<u>幾多の</u>試練(しれん)に耐(た)える。

8 다소 : 多少(たしょう), 幾分(いくぶん)

⇨ 아직 <u>다소</u>의 희망이 있다.
まだ<u>多少の</u>希望(きぼう)がある。

⇨ 그녀는 <u>다소</u> 감상적이다.
彼女は<u>幾分</u>感傷的(かんしょうてき)だ。

9 꿰다 : 通(とお)す, 繋(つな)ぐ, つける, 突(つ)き抜(ぬ)ける
(自), 突き通す(他)

⇨ 바늘에 실을 <u>꿰다</u>.
針(はり)に糸(いと)を<u>通す</u>。

⇨ 어머니에게 구슬을 꿰어 목걸이를 만들어 드렸다.

　母に玉(たま)をつないで首飾(くびかざ)りを作(つく)ってあげた。

⇨ 낚시 바늘에 미끼를 꿰다.

　釣(つ)り針(ばり)に餌(えさ)をつける。

⇨ 탄환이 벽을 꿰뚫고 나갔다.

　弾丸(だんがん)が壁(かべ)をつきぬけた。

⇨ 송곳으로 판지를 꿰뚫었다.

　錐(きり)で厚紙(あつがみ)をつきとおした。

cf) 串焼(くしやき)： 꼬치구이 (= 魚・肉・鳥・貝・野菜などを串に刺
　　　　　　　　　　　　　　して焼くこと。また、その食べ物。'串焼(くしや)き'
　　　　　　　　　　　　　　とも書く。)

⇨ 닭고기를 꼬챙이에 꿰어 구워 팔았다.

　鳥肉(とりにく)を串焼にして売った。

⇨ 꼬치구이를 마음껏 먹을 수 있는 코스도 있습니다.

　串焼き食べ放題(ほうだい)コースもあります。

10 주름 ： ひだ, 折(お)り目(め)

⇨ 주름을 잡다.

　ひだをとる。

⇨ 바지 주름을 반듯이 잡다.

　ズボンの折り目をきちんとつける。

cf) しわ(皺)： 주름, 구김살

⇨ 주름을 펴다(없애다).

　しわを伸(の)ばす。

⇨ 바지에 구김살이 지다(구겨지다).

　ズボンにしわが寄(よ)る。

⇨ 미간에 주름살을 짓다(상을 찌푸리다).

みけんに<u>しわ</u>を寄(よ)せる。

⇨ <u>주름</u>이 점점 많이 생기다(지다).

　　<u>しわ</u>がだんだん多くできる。

⇨ 얼굴 등의 <u>주름</u>이 많아.

　　顔などの<u>しわ</u>が多いよ。

⇨ 할머니는 <u>주름</u> 투성이네.

　　お婆ちゃんは<u>しわ</u>だらけだわ。

11 ~를 불문하고 : ~を問(と)わず, ~に拘(かかわ)らず

⇨ 청바지는 <u>남녀노소를 불문하고</u> 입을 수 있는 옷이다.

　　Gパンは老若男女(ろうにゃくなんにょ)<u>を問わず</u>着られる服だ。

⇨ 가격의 <u>고저를 불문하고</u> 사고 싶다.

　　値段(ねだん)の高低(こうてい)<u>を問わず</u>買いたい。

⇨ <u>연령을 불문하고</u> 부족하기 쉬운 칼슘을 섭취하고 싶은 분께
　권하고 싶다.

　　年齢(ねんれい)<u>を問わず</u>不足(ふそく)しがちなカルシウムを
　　摂(と)りたい方におすすめしたい。

⇨ 이 게임은 <u>연령이나 성별을 불문하고</u>, 누구라도 즐길 수 있다.

　　このゲームは年齢や性別<u>にかかわらず</u>、だれでも楽しめる。

12 불시에 : 抜(ぬ)き打(う)ちに, なんの予告(よこく)もなく, 不
　　　　　　意(ふい)に, 急(きゅう)に, だしぬけに, 不時(ふじ)

⇨ <u>불시에</u> 국어시험이 있었다.

　　<u>抜き打ちに</u>、国語のテストがあった。

⇨ 조사단이 (예고 없이) <u>불시에</u> 방문했다.

　　調査団(ちょうさだん)が<u>なんの予告もなく</u>訪問(ほうもん)した。

⇨ 그녀가 <u>불시에</u> 찾아왔다.

彼女が<u>不意</u>に訪ねてきた。

⇨ 날씨가 <u>갑자기</u> 바뀌었다.

天気が<u>急</u>に変(か)わった。

⇨ 그는 <u>불시에</u> 나에게 결혼해 달라고 했다.

彼は<u>出し抜け</u>に私に結婚してくれと言った。

⇨ 병이나 재해 등에서 <u>불시</u>의 지출을 위해서, 조금이라도 저축이
필요합니다.

病気や災害(さいがい)などで<u>不時</u>の出費のために、少しでも
蓄(たくわ)えが必要です。

13 무늬 : 模様(もよう), 柄(がら)

⇨ 손수건에 예쁜 <u>무늬</u>를 수놓았다.

ハンカチにきれいな<u>模様</u>を刺繍(ししゅう)した。

⇨ 금붕어 <u>무늬</u>가 있는 유카타를 입고 있었다.

金魚(きんぎょ)の<u>模様</u>のついた浴衣(ゆかた)を着ていた。

⇨ 이 비단옷에는 화려한 <u>무늬</u>가 있다.

この絹の服には派手(はで)な<u>柄</u>がある。

cf) 도안, 무늬 : 図様(ずよう), 図柄(ずがら, = pattern, design)

⇨ 꽃<u>무늬</u> 카펫트를 선물로 받았어요.

花の<u>図柄</u>のカーペットを贈り物として頂きました。

⇨ 2천엔권의 문자나 <u>도안</u>에 대해서, 꽤 질문이 많다. 2000년 7
월 19일에 2천엔권이 발행된 이후, 이면에 사용된 겐지 모노
가타리의 <u>도안</u>에 관한 문의가 잇따르고 있다.

二千円札の文字や<u>図柄</u>について結構質問が多い。2000年7
月19日に二千円札が発行されて以後、裏面に使われた源氏
物語の<u>図柄</u>に関する問い合わせが相次(あいつ)いでいる。

⇨ 그것은, 전파를 표현한 지그재그 모양이나 분수의 <u>도안</u> 모양
등에서 볼 수 있습니다. [現代装飾美術]

それは、電波を表現したジグザグ模様や噴水の<u>図様</u>などに
見ることができます。

14 술장사 : 水商売(みずしょうばい), 水稼業(みずかぎょう)

⇨ 그녀는 오래 동안 <u>술장사</u>를 하고 있어요.
　彼女は長い間、<u>水商売</u>をやっていますね。

⇨ <u>술장사</u>로 부업을 하지 않으면 마음대로 갖고 싶은 것도 못사
　는 사람도 있어요.
　<u>水商売</u>でバイトをしなければ欲しいものも満足に買えない人
　もいます。

⇨ <u>술장사</u>는 안정감이 없는 직업이에요.
　お<u>水家業</u>は安定感のない職(しょく)ですよ。

cf) 술집 : 飲(の)み屋(や), 酒屋(さかや) 酒場(さかば), 居酒屋
　　　　　(いざかや), バー (bar)

15 힐책하다 : 詰責(きっせき)する, 詰(なじ)る(5단), 叱かる, 咎
　　　　　　　(とが)める

⇨ 싫은 일을 하여 많은 사람 앞에서 <u>힐책</u> 당했다.
　いやなことをして大勢(おおぜい)の人の前で<u>詰責</u>された。

⇨ 그녀는 그의 태만을 <u>힐책</u>했다.
　彼女は彼の怠慢(たいまん)を<u>なじっ</u>た。

⇨ 방안으로 불러들여서 <u>꾸짖다</u>.
　室内に呼び入れて<u>叱かる</u>。

⇨ 그가 그것을 하지 않았다고 해서 너무 <u>꾸짖</u>어서는 안돼요.
　彼がそれをしなかったからといってあまり<u>責め</u>てはいけません。

⇨ 그는 무단결근을 하여 <u>비난</u>받았다.

彼は無断欠勤(むだんけっきん)を<u>とがめ</u>られた。

cf) 咎(とが)める ： 꾸짖다(= 責める), 꺼림칙하다(= 反省して心が痛
む), 검문하다(= 怪しんで聞く), 덧나다(= 傷やは
れものをいじって悪くする)

⇨ 나는 네가 늦은 것을 <u>나무라지</u> 않아.
私は君が遅れたことを<u>とがめ</u>ないよ。

⇨ 그는 그 일로 마음이 <u>꺼림칙한</u> 것 같다.
彼はそのことで気が<u>とがめ</u>ているらしい。

⇨ 한밤중 파출소의 앞을 지나니까 순경에 <u>검문</u> 받았다.
夜半過(やはんす)ぎに交番の前を通ったら巡査に<u>とがめ</u>ら
れた。

⇨ 가시에 찔린 자리가 <u>덧나서</u> 곪았다.
とげの刺(さ)さったあと<u>がとがめ</u>て化膿(かのう)した。

16 굴욕적이다 : 屈辱的(くつじょくてき)だ, 侮辱的(ぶじょくて
き)だ, 辱(はずかし)める

⇨ <u>굴욕적인</u> 외교를 당하다.
<u>屈辱的な</u>外交(がいこう)を受ける。

⇨ 그의 <u>모욕적인</u> 말에 참을 수 없었다.
彼の<u>侮辱的な</u>言葉に耐(た)えられなかった。

⇨ 이렇게 <u>모욕을</u> 당해 이제는 가만히 있을 수 없다.
こんなに<u>辱め</u>られてもう黙っていられない。

17 투덜투덜 : ぶつぶつ(と), ぐずぐず(愚図愚図)(と)

⇨ 뒤에서 <u>투덜투덜</u> 불평하지 마.
陰(かげ)で<u>ぶつぶつ</u>言わないでね。

⇨ 이 결론에 투덜거리는 사람은 없겠지.

　この結論(けつろん)にぶつぶつ言う人はいないだろう。

⇨ 언제까지 투덜투덜 불평할 거야?

　いつまでぐずぐず文句を言っているんだ。

18 확산되다 : 広(ひろ)がる, 拡散(かくさん)する, 散(ち)らばる(自)

⇨ 전염병이 확산됐다.

　伝染病(でんせんびょう)が広がった。

⇨ 연못에 돌을 던졌더니 파문이 퍼져나갔다.

　池に石を投(な)げたら波紋(はもん)が広がっていった。

⇨ 물에 떨어뜨린 파란잉크가 퍼져나갔다.

　水に落とした青インクが拡散していった。

⇨ 일순간 공포로 그의 눈동자는 날카롭게 수축되었고, 그리고 천천히 풀려나갔다.

　一瞬(いっしゅん)恐怖で彼の瞳孔(どうこう)は鋭(するど)く収縮(しゅうしゅく)し、それからゆっくりと拡散していった。

⇨ 여기저기 인가가 흩어져 있다.

　ところどころに人家(じんか)がちらばっている。

　先生が厳格過ぎるのだと文句を並べる、日本の中学生や高校生がどんなひどい目に遭っているか考えてみよう。彼らは毎日毎日ひどく、かつ過酷なたくさんの校則に従わなければならないのである。その内容は学校によって多少異なるにしても、規格化のための情熱はどこでもおびただしいものがある。たとえばある学校の場合、運動靴のひもを通す穴は十二個と決まっているから、それ以上も以下もいけない。女子学生のスカートの折り目の数や、男女を問わず髪の毛の長さをセンチメートル単位に決まっている学校も多くある。

　東京のある女子学校では、校則に決まっている白色以外の下着を着た生徒がいるかどうか、なんの予告もなく検査をした。模様が入ったり色のある下着を着ている学生たちは級友たちの前で教壇に立たされて、「お前たちの頭の中は水商売の女と同じだよ」と教師に詰責された。

　いままでは学生自分や親もこうした屈辱的な校則に対して陰でぶつぶつ不平を言うか、たまに抗議するぐらいの反応しか示さなかった。しかし今年の初めから抗議の波が広がり始めた。

일본어번역문 11-B

　先生が厳し過ぎると文句を言う、日本の中学生や高校生がどんなひどい目に遭っているか考えてみよう。彼らは来る日も来る日も恐ろしく、かつ厳しい数々の校則に従わなければならないのである。その内容は学校によって幾分異なるにしても、規格化への熱意はどこでもすさまじいものがある。たとえばある学校では、運動靴のひもを通す穴は十二と決めており、それ以上でも以下でもいけない。女生徒のスカートのひだの数や、男女を問わず髪の毛の長さをセンチメートル単位で決めている学校も珍しくない。

　東京のある女子高校では、校則で決まっている白色以外の下着をつけた生徒がいないかどうか、抜き打ち検査をした。模様が入ったり色についた下着を着ている生徒たちは級友の前で教壇に立たされ，「お前たちの頭の中は水商売の女と同じだ」と教師になじられた。

　これまでは、生徒自身や親もこうした屈辱的な校則に対して陰でぶつぶつ不平を言うか、たまに抗議をするぐらいの反応しか示さなかった。しかし今年の初め頃から、抗議の波が広がり始めた。

88올림픽후의 해빙외교

올림픽 개막 직전의 서울에서는, 주목할 만한 한국의 「해빙」 외교가 이미 시작되고 있었다. 각국 선수단이 속속 몰려드는 가운데 한국정부 당국자들은 소련을 위시하여 동유럽제국의 외교단과 무역 등 「공통의 이익」에 대하여 열심히 대화를 하였던 것이다. 40년에 이르는 한반도의 이데올로기 투쟁은 과거의 유물에 지나지 않는 분위기였다.

특기할 만한 일은 소련의 올림픽 담당영사와 대통령과의 회담인데, 한국과 헝가리가 「상주대표부」의 상호 설치계획을 발표하여 해빙무드는 최고조에 이르렀다. 정평 있는 반공주의로 이름을 떨친 한국정부가 동유럽제국과 처음으로 정식 정치적 관계를 가진 것이다.

80만 병력을 갖고 있는 북한군이 불과 50킬로 북방에 앞두고 있는 사실을 서울 사람들이 잊고 있는 것은 아니다. 그러나 한국도 동유럽제국도 지난 올림픽이 결실이 많은 통상관계를 맺는 계기가 될 것이라고 보는 것은 분명하다.

한자단어

- 개막 : 開幕(かいまく)
- 주목 : 注目(ちゅうもく)
- 외교 : 外交(がいこう)
- 선수단 : 選手団(せんしゅだん)
- 당국자 : 当局者(とうきょくしゃ)
- 제국 : 諸国(しょこく)
- 무역 : 貿易(ぼうえき)
- 이익 : 利益(りえき)
- 투쟁 : 闘争(とうそう)
- 유물 : 遺物(いぶつ)
- 특기 : 特記(とっき)
- 담당영사 : 担当領事(たんとうりょうじ)
- 대통령 : 大統領 (だいとうりょう)
- 대표부 : 代表部(だいひょうぶ)
- 설치 : 設置(せっち)
- 최고조 : 最高潮(さいこうちょう)
- 정식 : 正式(せいしき)
- 반공주의 : 反共主義(はんきょうしゅぎ)
- 병력 : 兵力(へいりょく)
- 북방 : 北方(ほっぽう)
- 계기 : 切(き)っ掛(か)け, 契機(けいき)

- 직전 : 直前(ちょくぜん)
- 해빙 : 解氷(かいひょう)
- 각국 : 各国(かっこく)
- 정부 : 政府(せいふ)
- 동유럽 : 東欧(とうおう)
- 외교단 : 外交団(がいこうだん)
- 공통 : 共通(きょうつう)
- 한반도 : 朝鮮半島(ちょうせんはんとう)
- 과거 : 過去(かこ)
- 분위기 : 雰囲気(ふんいき)
- 회담 : 会談(かいだん)
- 상주 : 常駐(じょうちゅう)
- 상호 : 相互(そうご)
- 발표 : 発表(はっぴょう)
- 정평 : 定評(ていひょう)
- 관계 : 関係(かんけい)
- 북한군 : 北朝鮮軍(きたちょうせんぐん)
- 통상 : 通商(つうしょう)

중요단어 및 어구

1 ~할 만한 N : ~すべき N

⇨ 주목할 만한 일본 경제
注目すべき日本の経済
⇨ 학생은 제일 먼저 공부를 해야 한다.
学生はまず第一に勉強すべきだ。

2 해빙 : 雪解(ゆきど)け, 融雪(ゆうせつ), 雪消(ゆきげ), 雪消
(ゆきぎ)え (= thaw,「解氷」(かいひょう)는 빈도가 극히 적음)

⇨ 양국관계는 해빙무드에 있다.
両国の関係は雪解けムードにある。
⇨ 올해는 봄이 빨라서, 벌써 눈이 녹기 시작하고 있다.
今年は春が早くて、もう雪どけが始まっている。
⇨ 일사, 기온, 바람 등이 눈 녹는 속도를 촉진한다.
日射(にっしゃ)、気温、風などが融雪の速さを促進する。
⇨ 드디어 봄이 가까워지는 2월, 눈 녹는 달.
いよいよ春が近づく 2 月、雪消の月。
⇨ 올봄 해설의 예상에 대해, 현재 적설이 많은 지역은 산기슭으
로 되어 있어요.
今春の雪消えの見通しについて、現在、積雪が多い地域は
山沿いとなっています。[気象台]

3 속속 : 続々(ぞくぞく)(と), 次々(つぎつぎ)に, 続け(つづ)け
ざま, 後(あと)から後(あと)から

⇨ 항구에 배가 <u>속속</u> 들어온다.

港(みなと)に船(ふね)が<u>続々と</u>入ってくる。

⇨ 판다를 한 번에 보려고 구경꾼들이 <u>속속</u> 몰려왔다.

パンダを一目で見ようと見物人(けんぶつにん)が<u>続々</u>とつめかけた。

⇨ 一つのことが終わると、<u>つぎつぎに</u>用事ができている。

하나의 일이 끝나자 <u>계속해서</u> 일이 생기고 있다.

⇨ <u>연달아</u> 7번이나 재채기가 나와서, 모두 배를 잡고 크게 웃습니다.

<u>続けざまに</u>七回もくしゃみが出たので、みんな腹(はら)を抱(かか)えて大笑(おおわら)いです。

⇨ 이러한 날씨 속에서의 작업은 땀이 <u>계속</u> 흘러내려요.

この天気の中での作業は汗が<u>後から後から</u>湧()き出てきます。

cf) 次(つぎ)から次へ(と) : 연달아, 차례 차례로

 ⇨ 제품이 <u>연달아서</u> 수출되고 있다.

製品(せいひん)が<u>次から次へと</u>輸出(ゆしゅつ)されている。

4 몰려들다 : 詰(つ)めかける, 寄(よ)り集(あつ)まる, 詰(つ)め寄(よ)せる, 雪崩(なだ)れ込(こ)む

⇨ 현장에 신문기자가 몰려들었다.

現場(げんば)に新聞記者が<u>詰めかけ</u>た。

⇨ 적은 이미 성문 있는 데까지 몰려들었다.

敵(てき)はすでに城門(じょうもん)のところまで<u>詰めかけ</u>た。

⇨ 많은 학문이 모여드는 사회야 말로 풍요로워요.

多くの学びが<u>寄り集ま</u>る社会こそ豊(ゆた)かです。

⇨ 그 배우가 오자 관중이 우르르 몰려들었다.

その俳優がやってくると観衆(かんしゅう)がわっと<u>詰め寄せ</u>た。

⇨ 적의 군대가 일제히 <u>몰려 들어와</u> 마을은 순식간에 점령 당해

버렸다.

敵の軍隊(ぐんたい)がいっせいに雪崩れ込んできて、村は
あっという間に占領(せんりょう)されてしまった。

5 대화를 하다 : 対話(たいわ)を交(か)わす，話(はな)し合(あ)
　　　　　　　　　　う，論議(ろんぎ)をする，語(かた)り合(あ)う

⇨ 상대와 잘 상의하면 문제는 없다고 봅니다.
　相手(あいて)とよく話し合えば問題はないと思います。
⇨ 부모 자식이 서로 대화하는 시간을 갖는 것은 특히 중요합니다.
　親子で対話をかわす時間をもつことは、特に大切なことです。
⇨ 농업의 장래에 대하여 여러 가지로 대화를 했다.
　農業(のうぎょう)の将来(しょうらい)についてさまざまに論
　議をした。
⇨ 밤새도록 친구와 국제정세를 서로 이야기 나누었다.
　一晩中、友と国際情勢(こくさいじょうせい)を語り合った。

6 ～에 이르다 : ～に至(い)たる，～に及(およ)ぶ，～に達(たっ)する

⇨ 정오에 목적지에 이르렀습니다.
　正午(しょうご)目的地(もくてきち)に至たりました。
⇨ 오늘에 이르기까지 회답이 없다.
　今日にいたるまで返事(へんじ)がない。
⇨ 그의 연설은 4시간에 이르렀다.
　彼の演説は4時間に及んだ。
⇨ 한계 최고조에 이르렀습니다.
　限界(げんかい)最高潮(さいこうちょう)に達しました。

7 ~에 지나지 않다 : ~に過(す)ぎない, ただ~だけだ(그냥 ~
할 뿐이다), ~以上(いじょう)のものでは
ない(~이상의 것이 아니다)

⇨ 아무리 일을 해도 1개월 수입은 불과 5만 엔에 지나지 않는다.
いくら働いても、一か月の収入(しゅうにゅう)は、わずか五
万円にすぎない。

⇨ 일본어를 할 수 있다 하지만, 일상생활의 쉬운 회화에 지나지
않는다.
日本語ができるといっても、日常(にちじょう)のやさしい会
話(かいわ)ができるにすぎない。

⇨ 그가 떠들어대는 말을 그냥 멍청하게 듣고 있을 뿐이었다.
彼がしゃべりちらすことをただぼかんと聞いているだけだった。

⇨ 이것이 단순한 추측에 지나지 않는가는, 다음과 같은 근거에서
부터 생각할 수 있다.
これが単(たん)なる推測(すいそく)以上のものではないかと
言うのは、次のような根拠(こんきょ)から考えられる。

8 특기하다 (명심하다) : 特記(とっき)する, 特筆(とくひつ)する.
銘記(めいき)する

⇨ 이것이야 말로 특기할만한 걸작이다.
この作品こそ特記すべき傑作(けっさく)である。

⇨ 오늘은, 이렇다 할 특기할만한 사건은 없었습니다.
今日は、これといって特筆するような事件はありませんでした。

⇨ 다음의 주의사항을 명심해야 할 것이다.
次の注意のことを銘記すべきだろう。

9 정평 있는 : 定評(ていひょう)ある, 極(きわ)め付(つ)きの〜, 折
紙付(おりがみつ)きの〜, 保証付(ほしょうつ)き

⇨ 그는 이미 작가로서의 정평(이) 있다.
　彼は作家(さっか)としてすでに定評(が)ある。

⇨ 정평 있는 연극.
　極めつきの芝居(しばい)。

⇨ 이 항아리는 에도 시대의 것으로 정평 있는 걸작입니다.
　このつぼは江戸時代の物で、極め付きの逸品(いっぴん)です。

⇨ 이 지방의 특산물은 감정서가 붙은 명도이다.
　この地方の特産物はおりがみつきの名刀(めいとう)である。

⇨ 이 술은 맛이 좋기로 소문난 소주이다.
　この酒は味のよいことではおりがみつきの焼酎(しょうちゅ
　う)である。

⇨ 독일 메이커로 상품의 품질은 확실히 보증합니다.
　ドイツのメーカーで商品の品質はおりがみつきです。

⇨ 교통접근의 편리함은 물론, 요리 맛은 아사쿠사에서도 확실히
　보증함. 쇼핑한 후 부디 들러 주세요. [広告]
　交通アクセスの便利さもさることながら、お料理のおいしさ
　は浅草でもおりがみつき。ショッピングの後に是非お立ち寄
　りください。

⇨ 이 TV는 1년간 보증하는 조건의 제품이다.
　このTVは一年間保証付きの製品である。

10 이름을 떨치다 (유명하다) : 名高(なだか)い, 鳴(な)らす

⇨ 대구는 사과산지로 유명하다.
　大邱はりんごの産地(さんち)として名高い。

⇨ 여기는 예로부터 벚꽃으로 유명한 동네입니다.

ここは昔からさくらで<u>名高い</u>町です。

⇨ 이름을 천하에 <u>떨치다</u>.

名(な)を天下(てんか)に<u>鳴らす</u>。

11 가지다 (맺다) : 結(むす)ぶ, 締結(ていけつ)する

⇨ 일본은 영국과 동맹을 <u>맺고</u> 러시아와 싸웠다.

日本はイギリスと同盟(どうめい)を<u>結ん</u>でロシアと戦(たたか)った。

⇨ 평화조약을 <u>맺는다</u>.

平和条約(へいわじょうやく)を<u>結ぶ</u>。

⇨ 올해 한일 어업협정이 <u>체결되었다</u>.

今年、韓日漁業協定(ぎょぎょうきょうてい)が<u>締結</u>された。

12 불과 (단지) : わずか, たった, ほんの

⇨ 아버지가 돌아가신 것은, 내가 <u>불과</u> 다섯 살 때였다.

父が亡くなったのは、わたしが<u>わずか</u>五つの時だった。

⇨ 이 동네에는 고등학교가 <u>단지</u> 한 곳밖에 없다.

この町には高校が<u>たった</u>1校(いっこう)しかない。

13 앞두다 : 控(ひか)える, 目前(もくぜん)にする

⇨ 시험을 내일로 <u>앞두고</u> 마지막 공부를 하다.

試験を明日に<u>控えて</u>最後(さいご)の勉強をする。

⇨ 시합을 <u>앞두고</u> 휴식을 취하다.

試合(しあい)を<u>控えて</u>休養(きゅうよう)を取る。

⇨ 다음 달 크랭크 인을 앞둔 영화가 <u>기대된다</u>.

来月のクランクインを<u>目前</u>にする映画が期待される。

⇨ 예상조차 되지 않는 상황을 <u>목전에</u> 두다.
予想(よそう)もつかない状況(じょうきょう)を<u>目前</u>にする。

14 계기 : 切(き)っ掛(か)け, 契機(けいき), 動機(どうき)

⇨ 이 책을 읽고 문학작품이란 무엇인지 생각하는 <u>계기</u>를 잡을
수 있었다.
この本を読んで文学作品とは何かを考える<u>きっかけ</u>をつかむ
ことができた。

⇨ 당신과의 그 우연한 만남이 나의 인생을 바꾸는 큰 <u>계기</u>가 되
었다.
あなたとのあの偶然(ぐうぜん)の出会(であ)いがわたしの人
生を変える大きな<u>契機</u>となった。

⇨ 어떤 <u>계기</u>로 와인글라스 수집을 시작했습니까?
どういう<u>動機</u>でワイングラスの収集を始めたのですか。

15 분명하다 : 明(あき)らかだ, 明確(めいかく)だ, 確(たし)かだ,
はっきりとする

⇨ 여기에 <u>분명한</u> 체력의 한계가 있다.
ここに<u>明らかな</u>体力(たいりょく)の限界(げんかい)がある。

⇨ 학문이 진전되어 감에 따라, 지금까지 의문이었던 것이 <u>분명히</u>
밝혀졌다.
学問が進むにしたがって、今まで疑問(ぎもん)だったことが
<u>明らか</u>になってきた。

⇨ 책임 소재를 <u>명확히</u> 하다.
責任の所在(しょざい)を<u>明確</u>にする。

⇨ 입고는 <u>분명</u> 내일이 될 것입니다.
入荷(にゅうか)は<u>たしかに</u>あしたにするはずですね。

⇨ 확신에 찬 분명한 어조로 말했다.

確信(かくしん)を持った<u>はっきりとした</u>口調(くちょう)で言った。

일본어번역문 12-A

オリンピックの開幕直前のソウル、注目すべき韓国の「<u>解氷</u>」外交がもう<u>始まっていた</u>。 各国の選手団が<u>次から次へ</u>と詰めかける中で韓国政府の当局者はソ連を<u>はじめ</u>、東欧諸国の外交団と貿易など「共通の利益」について熱心に<u>論議をしたのである</u>。四十年<u>に至る</u>朝鮮半島のイデオロギー闘争は、過去の遺物に過ぎないという雰囲気であった。

<u>特記</u>すべき事はソ連のオリンピック担当領事と大統領との会談であるが、韓国とハンガリーが「常駐代表部」の相互設置計画を発表して<u>解氷</u>のムードは最高潮に達した。<u>定評</u>ある反共主義で<u>名高い</u>韓国政府が東欧諸国と初めて正式な政治的関係を<u>結んだ</u>のである。

八十万の兵力を<u>持っている</u>北朝鮮軍が<u>わずか</u>五十キロ北方に控えている事実をソウルの人々が忘れている<u>のではない</u>。しかし韓国も東欧諸国も<u>今度の</u>オリンピックが<u>成果のある</u>通商関係を結ぶ切っ掛けになると<u>思っていることは</u>明らかである。

일본어번역문 12-B

オリンピックの開幕直前のソウルでは、注目すべき韓国の「雪解け」外交がすでにスタートしていた。各国の選手団が続々と詰めかける中で韓国政府当局者はソ連を初め、東欧諸国の外交団と貿易など「共通の利益」について熱心に話し合ったのである。四十年に及ぶ朝鮮半島のイデオロギー闘争は、過去の遺物に過ぎないという雰囲気であった。

特筆すべきはソ連のオリンピック担当領事と大統領との会談であるが、韓国とハンガリーが「常駐代表部」の相互設置計画を発表して雪解けのムードは最高潮に達した。極めつきの反共主義で鳴らした韓国政府が東欧諸国と初めて正式な政治的関係をもったのである。

八十万の兵力を擁する北朝鮮軍がたった五十キロ北方に控えている事実を、ソウルの人々が忘れているわけではない。だが韓国も東欧諸国も去るオリンピックが実り多い通商関係を結ぶ切っ掛けになるとみているのは明らかである。

13

KAL기 영공 협정

10월 4일의 보도에 의하면, 대한항공은 동기(同機)가 중국과 소련 상공을 통과하여 중동·유럽 방면으로 향하는 노선에 취항하는 문제로, 서울을 방문 중인 양국 관계자와 합의하였다고 한다. 중국과는 이미 영공통과협정을 체결하고 있어, 11월초에라도 제1편이 취항할 수 있다고 한다. 대한항공기의 중·소 상공통과는 서울올림픽 기간 중 특별조치로서 실시되었는데 이제부터는 정기화하게 된다. 이와 같은 일련의 움직임은, 서울올림픽의 성공을 딛고 대통령의, 북한을 포함한 공산권과 적극적으로 관계개선을 도모하려는 「신북방정책」과 더불어, 금후 한반도를 둘러싸고 동서화해의 기운이 높아지리라고 예상된다.

한자단어

- 보도 : 報道(ほうどう)
- 상공 : 上空(じょうくう)
- 중동 : 中東(ちゅうとう)
- 노선 : 路線(ろせん)
- 방문 : 訪問(ほうもん)
- 합의 : 合意(ごうい)
- 통과 : 通過(つうか)
- 체결 : 締結(ていけつ)
- 올림픽 : 五輪(ごりん)
- 실시 : 実施(じっし)
- 일련 : 一連(いちれん)
- 대통령 : 大統領(だいとうりょう)
- 공산권 : 共産圏(きょうさんけん)
- 개선 : 改善(かいぜん)
- 신북방정책 : 新対北政策(しんたいほくせいさく)
- 금후 : 今後(こんご)
- 동서 : 東西(とうざい)
- 기운 : 気運(きうん)

- 동기 : 同機(どうき)
- 통과하다 : 通(とお)す
- 방면 : 方面(ほうめん)
- 취항 : 就航(しゅうこう)
- 양국 : 両国(りょうこく)
- 영공 : 領空(りょうくう)
- 협정 : 協定(きょうてい)
- 제1편 : 第一便(だいいちびん)
- 특별조치 : 特別措置(とくべつそち)
- 정기화 : 定期化(ていきか)
- 성공 : 成功(せいこう)
- 북한 : 北韓(ほっかん)
- 적극적 : 積極的(せっきょくてき)

- 한반도 : 韓半島(かんはんとう)
- 화해 : 和解(わかい)
- 예상 : 予想(よそう)

중요단어 및 어구

1 ～에 의하다 : ～による, ～に応(おう)じる, ～に基(もと)づく, ～に従(したが)う, ～に言わせる

⇨ 사람을 외견에 의해 판단해서는 안됩니다.

　人を外見(がいけん)によって判断してはいけません。

　(= be founded on)

⇨ 야채의 가격은 계절에 의하여(에 따라) 바뀐다.

　野菜の値段は季節に応じて変わる。(= vary with)

⇨ 그 자료에 의하여 여러 가지 실험이 행해졌다.

　そのデータに基づいてさまざまな実験(じっけん)が行われた。

　(= be based on)

⇨ 우리들은 법률에 따르지 않으면 안된다.

　我々は法律(ほうりつ)に従わねばならない。(= obey)

⇨ 그의 말에 의하면 당연한 이유가 있다는 것이다.

　彼に言わせるともっともな理由があるということだ。

2 통과하다 : 通(とお)す(他), 通過(つうか)する, 経由(けいゆ)する

⇨ 유리는 빛을 통과한다.

　ガラスは光(ひかり)を通す。

⇨ 법안이 국회를 통과하다.

　法案(ほうあん)が国会(こっかい)を通過する。

⇨ 불교는 6세기에 중국에서 조선을 경유하여 일본으로 전해졌다.

　仏教は6世紀に中国から朝鮮を経由して日本に伝わった。

3 취항하다 : 就航(しゅうこう)する

⇨ 도쿄에서 하루에 한번 뉴욕 항로로 <u>취항한다</u>.
　東京から一日一度ニューヨーク航路(こうろ)に<u>就航する</u>。
⇨ 한국·중국·대만 방면으로 <u>취항하는</u> 항공회사.
　韓国·中国·台湾方面へ<u>就航する</u>航空会社。

4 합의 : 合意(ごうい), 合議(ごうぎ), 協議(きょうぎ), 申(も
　　　う)し合(あ)わせ

⇨ 남북쌍방의 <u>합의</u>에 의하여 결정한다.
　南北双方(そうほう)の<u>合意</u>に基づいて決める。
⇨ 회칙의 변경은 회원의 <u>합의</u>가 이뤄진 후 행해진다.
　会則の変更は会員の<u>合議</u>の上でなされる。
⇨ 우리는 몇 번이나 <u>협의</u>를 거듭한 후 결정을 내렸다.
　私たちは何度も<u>協議</u>を重ねた上で決定を下した。
⇨ 放送局では教育上よくない番組は自粛(じしゅく)しようとの<u>申
　し合わせ</u>をした。
　방송국에서는 교육상 좋지 않은 프로그램은 자숙하기로 <u>합의</u>
　했다.
⇨ かねての<u>申し合わせ</u>通り、母の日にはみんなでハンドバック
　をプレゼントしました。
　미리 <u>합의</u>한 대로, 어머니의 날에는 모두 핸드백을 선물했습
　니다.

cf) 合致(がっち) : ぴったり合うこと, 一致(いっち)
　⇨ 증상이 책에서 본 암의 증상과 <u>합치</u>하는 점이 있어서, 병원
　　에서 검사를 받기로 했다.
　　症状(しょうじょう)が本で見たガンの症状と<u>合致</u>する点が
　　あるので、病院で検査を受けることにした。
　⇨ 이런 식으로 추리하면 피해자의 증언과 <u>일치</u>한다.
　　このように推理すると被害者の証言(しょうげん)と<u>合致</u>する。

5 체결하다 : 締結(ていけつ)する, 結(むす)ぶ

⇨ 평화조약을 <u>체결하다</u>.
　　平和条約(じょうやく)を<u>締結する</u>。

⇨ 정식계약을 <u>체결했다</u>.
　　正式(せいしき)な契約(けいやく)を<u>結ん</u>だ。

6 딛다 (디디다) : 踏(ふ)まえる(他), 踏(ふ)む(他), 踏み入(い)れる

⇨ 실패의 경험을 딛고 새로운 계획을 세우다.
　　失敗の経験を<u>踏まえ</u>て新しい計画をたてる。

⇨ 마귀를 힘껏 밟고 선 사천왕상이 너무나 신기하다.
　　鬼(おに)を<u>ふまえ</u>た四天王(してんのう)の像(ぞう)が物珍(も
　　のめずら)しい。

⇨ 국민 모두의 요망에 부응하여 새 정책을 입안하다.
　　国民一般の要望(ようぼう)を<u>ふまえ</u>て新政策を立案(りつあ
　　ん)する。

⇨ 듣자하니 선생님이 고향 흙을 <u>밟은</u> 것은 20년만이라고 합니다.
　　聞くところによると、先生が故郷の土(つち)を<u>踏む</u>のは、二
　　十年ぶりだそうです。

⇨ 정규 절차를 <u>밟아서</u> 비자를 받으려면 3개월이 걸립니다.
　　正規(せいき)の手続(てつづ)きを<u>踏ん</u>でビザをもらうには
　　三ヶ月かかります。

7 정기화하다 : 定期化(ていきか)する

⇨ 우에노역과 나리타 공항역을 직통으로 연결하여, <u>정기화하</u>는
　　일도 생각할 수 있다.
　　上野駅と成田空港駅を直通で結び、<u>定期化する</u>ことも考え

られる。

8 도모하다 : 図(はか)る, 企(くわだ)てる, 企図(きと)する

⇨ 두 나라의 친목을 <u>도모하다</u>.
両国の親睦(しんぼく)を<u>図</u>る。
⇨ 사회의 공익과 번영을 <u>도모하기</u> 위해 노력했다.
社会の共益(きょうえき)と繁栄(はんえい)を<u>図</u>るために努力した。
⇨ 회사의 경영권탈취를 <u>계획했</u>지만, 정보가 새서 실패로 끝났다.
会社の乗っ取りを<u>企</u>てたが、情報がもれて失敗に終わった。
⇨ 그때 반대파는 정권탈취를 노려 국왕 살해를 <u>꾀하고</u> 있었다.
そのころ、反対派は政権奪取(だっしゅ)をねらって国王殺害を<u>企図</u>していた。

9 ~와 더불어 (함께) : ~と相(あい)まって, ~と共(とも)に

⇨ 좋은 날씨<u>와 더불어</u> 이번 연휴에는 인파가 많았다.
好天気(こうてんき)<u>と相</u>まって、この連休(れんきゅう)は人出(ひとで)が多かった。
⇨ 가을이 깊어감<u>과 함께</u> 먼 산의 모습이 한층 뚜렷해져 간다.
秋が深まる<u>とともに</u>、遠くの山の姿がいっそうきわだっていく。

10 둘러싸다 : 取(と)り囲(かこ)む, 囲む, 巡(めぐ)る, 取(と)り巻(ま)く

⇨ 군중이 그의 차를 <u>둘러쌌다</u>.
群衆(ぐんしゅう)が彼の車を<u>取り囲</u>んだ。
⇨ 나는 많은 친구들에 <u>둘러싸</u>여서 행복했다.

私は多くの友達に囲まれて幸(しあわ)せだった。

⇨ 돈 지불을 둘러싸고 그들은 싸움을 했다.

支払(しはら)いをめぐって彼らはけんかをした。

⇨ 비행기에서 내리자 삽시간에 신문기자들에게 에워싸였다.

飛行機から降りたらたちまち新聞記者たちに取り巻かれた。

⇨ 작은 섬과 그것을 둘러싸는 푸른 바다를 무대로 이야기가 전개되고 있습니다.

小さな島と、それを取り巻く青い海を舞台に物語が展開されています。

일본어번역문 13-A

10月4日の報道によると、大韓航空は同機が中国とソ連の上空を通して中東・ヨーロッパ方面に向う路線に就航する問題で、ソウルを訪問している両国の関係者と合意したそうである。中国とはもう領空通過協定を結んでいて、11月の初めにでも第一便が就航できるそうだ。大韓航空の中・ソ上空通過はソウルオリンピックの期間中の特別措置として実施されたが今から定期化するようになる。

このような一連の動きはソウルオリンピックの成功に基づいて大統領の、北朝鮮を含んだ共産圏と積極的に関係改善を図ろうとする「新対北政策」とともに、今後韓半島を巡って東西和解の気運が高まろうと予想される。

일본어번역문 13-B

　10月4日の報道によると、大韓航空は同機が中国とソ連の上空を<u>通過して</u>中東・ヨーロッパの方面に向かう路線に就航する<u>ことで</u>、ソウルを訪問<u>中</u>の両国関係者と合意したという。<u>中国との間で</u>はすでに領空通過協定を<u>締結して</u>おり、11月の<u>初め</u>にも第一便が就航できる<u>という</u>。大韓航空機の中・ソ上空の通過はソウル<u>五輪</u>期間中、特別措置として実施されたが<u>これから</u>定期化することになる。

　<u>こうした</u>一連の動きは、ソウル<u>五輪</u>の成功を<u>踏まえて</u>大統領の、北朝鮮を<u>含む</u>共産圏と積極的に関係改善を<u>図ろう</u>と<u>している</u>「新対北政策」と<u>相</u>まって、今後の韓半島を<u>めぐり</u>東西和解の気運の<u>高</u>まりが予想される。

14

우주선의 발사와 착륙성공

　미국의 위신을 걸고 다시 우주로 날아 오른 유인우주선 「디스커버리」호는 무사히 귀환하였다. 10월 3일 아침 날씨는, 쾌청함, 미풍. 50만 명이 지켜보는 미국 캘리포니아주 모하베 사막 상공에서 3분간 천천히 좌선회한 다음, 순백색의 거대한 몸체는 사막인 에드워즈 공군기지에 예정시간에 꼭 맞게 착륙하였다.

　미국 국가의 연주 속에 터져 나오는 대환성은 대단했다. 자매우주선 「챌린저」호의 폭발사고로부터 2년 8개월, 미국의 우주복귀가 걸린 97시간, 지구선회 65회의 비행, 배수진을 친 도전이 발사에서 착륙까지 「완벽한 성공」을 거두는 순간이었다.

한자단어

- 위신 : 威信(いしん)
- 우주선 : 宇宙船(うちゅうせん), スペスシャトル
- 무사 : 無事(ぶじ)
- 쾌청 : 快晴(かいせい)
- 사막 : 砂漠(さばく)
- 순백 : 純白(じゅんぱく)
- 공군 : 空軍(くうぐん)
- 예정 : 予定(よてい)
- 착륙 : 着陸(ちゃくりく)
- 연주 속 : 演奏裏(えんそうり)
- 자매 : 姉妹(しまい)
- 복귀 : 夏帰(ふっき)
- 비행 : 飛行(ひこう)
- 발사 : 発射(はっしゃ)
- 순간 : 瞬間(しゅんかん)

- 유인 : 有人(ゆうじん)
- 귀환 : 帰還(きかん)
- 미풍 : 微風(びふう, そよかぜ)
- 좌선회 : 左旋回(させんかい)
- 거대 : 巨大(きょだい)
- 기지 : 基地(きち)
- 시간 : 時間(じかん)
- 국가 : 国歌(こっか)
- 대환성 : 大歓声(たいかんせい)
- 폭발 : 爆発(ばくはつ)
- 선회 : 旋回(せんかい)
- 도전 : 挑戦(ちょうせん)
- 완벽 : 完璧(かんぺき)

중요단어 및 어구

1 ～을 걸다 : ～を賭(か)ける, ～を賭(と)する, ～を張(は)る

⇨ 상금을 걸다.
賞金(しょうきん)をかける。

⇨ 그는 생명을 걸고 조국을 지켰다.
彼は命(いのち)を賭けて祖国(そこく)を守(まも)った。

⇨ 나라의 번영을 위해서 목숨을 거는 각오라고 신임장관은 말했다.
国の繁栄(はんえい)のために身命(しんめい)を賭する覚悟(かくご)であると、新任(しんにん)の大臣(だいじん)が述べた。

⇨ 가진 돈을 남김없이 걸고 지켜보기로 했다.
有(あ)り金(がね)を残らず張って観望(かんぼう)することにした。

2 날아오르다 : 飛(と)び上がる, 飛(と)び立(た)つ, 舞(ま)い上(あ)がる

⇨ 공적에 의해 두 계급 뛰어서 소장으로 진급하였다.
功績(こうせき)によって二階級(にかいきゅう)飛びあがって少将(しょうしょう)に進級(しんきゅう)した。

⇨ 그 비행기는 정각 날아올랐다.
その飛行機は定刻(ていこく)どおりに飛び立った。

⇨ 종달새가 하늘 높이 날아올라 숲속으로 사라졌다.
ひばりが空高く舞い上がって森のなかに消えた。

cf) 뛰어넘다 : 飛(と)び越(こ)える, 飛び越(こ)す, 乗(の)り越える
⇨ 한 계급을 뛰어넘어 승진하는 일은 그리 흔한 일이 아니다.
一階級を飛び越えて昇進(しょうしん)することはあまり有

(あ)り勝(が)ちなことではない。

⇨ 뛰어 넘기에는 강폭이 너무 넓다.

　　跳び越すには川の幅が広すぎる。

⇨ 에도막부 말기의 일본인은, 어떻게 해서 난국을 극복해 나갔을까요?

　　幕末(ばくまつ)の日本人は、どのようにして難局(なんきょく)を乗り越えていったのでしょう。

3 지켜보다 : 見詰(みつ)める, 見守(みまも)る, 見届(みとど)ける, 見張(みは)る, 見入(みい)る, 見極(みきわ)める

⇨ 경과를 지켜보다.

　　経過(けいか)見詰める。

⇨ 정세의 변화를 지켜보다.

　　情勢(じょうせい)の変化を見守る。

⇨ 그 대통령의 임종을 지켜보고 있다.

　　その大統領の最後(さいご)を見届けている。(= 見て確かめる、確認する)

⇨ 여기에서 주위를 지켜보고 있으니까 안심하고 작업을 진행해요.

　　ここで周囲を見張っているから、安心して作業(さぎょう)を進めなさい。(= 目を大きく開いて見る)

⇨ 소년은 조금도 움직이지 않고 화랑 구석에 걸린 한 장의 그림을 지켜보고 있다.

　　少年は身じろぎもせずに、画廊(がろう)のすみに掛けられた一枚の絵(え)に見入っている。(他, =じっと見つめる)

⇨ 마을 변두리에 유령이 나온다는 소문에 우리들은 정체를 파악하려고 탐색하러 갔다.

　　村はずれに幽霊(ゆうれい)がでるといううわさに、ぼくたちはその正体(せいたい)を見極めようと探索(たんさく)にでかけた。(= 最後まで見届ける)

4 거대하다 : 巨大(きょだい)だ (= ひじょうに大きなさま, huge, gigantic)

⇨ 거대한 빙산의 영상을 TV로 봤다.
　巨大な氷山(ひょうざん)の映像をテレビで目にした。

⇨ 도오다이지의 거대한 불상을 세우는데 2백6십만 명의 사람들
　이 참가했다고 한다.
　東大寺(とうだいじ)の巨大な仏像(ぶつぞう)を立てるのに
　は、二百六十万人たちが参加(さんか)したという。

⇨ 이 순간, 거대한 선체를 자랑하던 호화여객선 '실버드래곤'호가
　두 동강이로 꺾였다.
　この瞬間、巨大な船体を誇(ほこ)る豪華客船(ごうかきゃく
　せん)シルバードラゴン号が真(ま)っ二(ふた)つに折れた。

5 꼭 (정확히) : ちょうど, ぴったり, きっかり, きっちり, かっきり
　　　　　　　　(に), てっきり, きまって, ちょっきり

⇨ 그 집의 크기는 우리에게 꼭 맞다.
　その家の大きさはわれわれにちょうどぴったりだ。

⇨ 그 양복은 너에게 꼭 맞는다.
　その洋服は君にぴったりあう。

⇨ 비행기는 꼭 맞게 제시간에 도착했다.
　飛行機はきっかり時間どおりに倒着(とうちゃく)した。

⇨ 그는 정확히 8시에 돌아왔다.
　彼はきっちり8時に帰ってきた。

⇨ 특별한 용무가 없으면 아홉 시 정각에 만날까?
　特別な用事がなかったら10時かっきりに会おうか。

⇨ 오전까지 틀림없이 비가 오리라고 생각했는데 맑았다.
　午前まで、てっきり雨だと思っていたら晴れた。

⇨ 서툰 영어를 장시간 계속 들으면, 어김없이 집중력이 끊기는

순간이 찾아온다. (天声, 06, 1.15)

苦手(にがて)な英語を長時間(ちょうじかん)聞き続けていると、きまって集中力がとぎれる瞬間が訪れる。

⇨ 그 유명한 성공학 강사는 금년에 딱 50살이다.

　その有名な成功学の講師は今年ちょっきり50歳である。

---

6 ~속에 (~리에) : ~のうちに, ~裏(り)に

⇨ 5월의 대학축제가 대성황 속에 종료되었습니다.

　5月の大学祭が大盛況のうちに終了しました。

⇨ 인사 건을 은밀한 속에 진행했다.

　人事のことをあんあんのうちに運(はこ)んだ。

⇨ 검찰은 뇌물 사건을 암암리에 처리했다.

　検察は賄賂(わいろ)のことを暗暗(あんあん)裏に処理した。

⇨ 약2백명의 이라크인을 덴마크에 비밀리에 피난시켰던 것이 20일 밝혀졌다.

　約二百人のイラク人をデンマークに秘密裏に避難させていたことが二十日明らかになった。

---

7 터져 나오다 : 沸(わ)き起(お)こる, 沸(わ)き上(あ)がる

⇨ 박수가 터져 나오다.

　拍手(はくしゅ)がわき起こる。

⇨ 스탠드에서 기쁨의 함성이 터져 나왔다.

　スタンドからよろこびの声がわき上がった。

---

8 배수진을 치다 : 背水(はいすい)の陣(じん)を敷(し)く, 心を込(こ)める, 心を固(かた)める, 決心(けっしん)する

⇨ 아군은 배수진을 쳐 적을 맞아 싸웠다.

味方(みかた)の軍(ぐん)は背水の陣を敷いて敵(てき)を迎(むか)えうった。

⇨ 굳게 마음을 먹는 것이 무엇보다도 중요합니다.

心を込めることがなによりも重要です。

⇨ 그 날 안에 마음을 굳힐 가능성이 크다.

その日の内に心を固める可能性が大きい。

⇨ 스스로 그렇게 하려고 결심한 이상, 마지막까지 잘해 내고 싶다.

自分でそうしようと決心した以上は、最後までやり通(とお)りしたい。

9 발사 : 発射(はっしゃ), 打(う)ち上(あ)げ

⇨ 제2차 세계대전까지 어뢰 발사시험장으로써 운용되었던 전쟁 잔존물입니다.

第二次世界大戦まで魚雷(ぎょらい)発射試験場として運用されていた戦争遺構(いこう)です。

⇨ 우주선 발사는 드디어 초읽기 단계에 들어갔다.

宇宙船の発射はついに秒読(びょうよ)みの段階に入った。

⇨ 로켓 14호기 발사모습을 타네가시마의 스튜디오로부터, 전문가에 의한 해설을 섞어 생중계로 전했습니다.

ロケット14号機打ち上げの模様を種子島(たねがしま)のスタジオから、専門家による解説を交(まじ)えて生中継でお伝えしました。

10 거두다 : 収(おさ)める

⇨ 열심히 개발한 나머지 훌륭한 성과를 거두었다.

ねっしんに開発したあまり立派(りっぱ)な成果(せいか)を収めた。

⇨ 빛나는 승리를 <u>거두</u>었다.

輝(かがや)かしい勝利(しょうり)を<u>収め</u>た。

⇨ 투수의 교체가 효과를 <u>거두</u>었다.

ピッチャーの交替(こうたい)が効果を<u>収め</u>た。

⇨ 그는 해외 무역으로 큰 이익을 <u>거두</u>었다.

彼は海外貿易で大きな利益(りえき)を<u>収め</u>た。

cf) 取(と)り入(い)れる : 거두어들이다

⇨ 농부는 열심히 벼를 <u>거두어들</u>였다.

百姓(ひゃくしょう)は熱心(ねっしん)に稲(いね)を<u>取り入れ</u>た。

⇨ 외국으로부터 새로운 기술을 <u>받아들</u>였다.

外国から新しい技術(ぎじゅつ)を<u>取り入れ</u>た。

일본어번역문 14-A

　アメリカの威信をかけて再び宇宙に飛び上がった有人宇宙船の「ディスカバリー」号は無事に帰還した。10月3日の朝、天気は快晴、微風。50万名が見詰める米のカリフォルニア州のモハベ砂漠の上空で3分間、ゆっくり左旋回したあと、真っ白の巨大な船体は砂漠の「エドワーズ」空軍基地に予定時間にきっかり着陸した。

　米国歌の演奏のうちに沸き起こる大歓声はりっぱだった。姉妹機宇宙船のチャレンジャー号の爆発事故から2年8カ月、アメリカの宇宙復帰がかかった97時間、地球旋回65回の飛行、背水の陣を敷いた挑戦が発射から着陸まで「完璧な成功」を収める瞬間だった。

일본어번역문 14-B

　アメリカの威信をかけて再び宇宙に飛び立った有人宇宙船「ディスカバリー」号は無事帰還した。10月3日朝、天気は快晴、微風。50万人が見守る米カリフォルニア州モハベ砂漠の上空で3分間、ゆったりと左旋回の後、純白の巨体は砂漠の「エドワーズ」空軍基地に予定時間ぴったりに着陸した。

　米国歌の演奏裏に沸きあがる大歓声はすごかった。姉妹機チャレンジャー号の爆発事故から2年8か月、アメリカの宇宙復

帰をかけた97時間、地球65周の飛行、背水の陣の挑戦が、打ち上げから着陸まで「完璧な成功」を収めた瞬間であった。

15

일본인의 특유성

일본인이란 대체 무엇인가? 개인적으로 보나, 국가적으로 보나 국제적인 감각과 상식으로 이해할 수 없는 면이 너무나 많다. 상징적인 예로서, 혼자서 29년간이나 고도에서 투쟁을 계속한 오노다 소위의 경우가 있다. 이런 면은 모든 선진국에게 있어 이해의 범위를 넘어선 것이며 오히려 수수께끼일 따름이다.

더군다나 그 일본이 지금 공업 초대국으로서 세계에 군림하고 있는 것도 더욱 수수께끼를 짙게 하는 것이다. 거대화된 테크놀로지 진출은 경이로움을 넘어서 공포적이다. 규범의 결여, 이 또한 일본인 특유의 것이고, 그것은 모든 사례에서 볼 수 있다. 외교에서조차 규칙이 존재하지 않고 일관된 정책이 부족한 것이다.

근면하고 본래 평화를 애호하는 일본인에게, 일면 많은 수수께끼가 있는 것은, 대체 어찌된 까닭일까? 그것은 자칫 잘못하면 세계의 고아가 될지도 모르는 위험을 내포하고 있는 것이다.

한자단어

- 대체 : 一体(いったい)
- 국제적 : 国際的(こくさいてき)
- 상식 : 常識(じょうしき)
- 상징적 : 象徴的(しょうちょうてき)
- 투쟁 : 闘争(とうそう)
- 선진국 : 先進国(せんしんこく)
- 수수께끼 : 当て物(あてもの), なぞ(謎)
- 초대국 : 超大国(ちょうたいこく)
- 거대화 : 巨大化(きょだいか)
- 테크놀로지 : テクノロジー, 技術(ぎじゅつ)
- 경이로움 : 神秘(しんぴ)
- 규범 : 規範(きはん)
- 특유 : 特有(とくゆう)
- 외교 : 外交(がいこう)
- 존재 : 存在(そんざい)
- 정책 : 政策(せいさく)
- 평화 : 平和(へいわ)
- 고아 : 孤児(こじ, みなしご)
- 내포 : 内包(ないほう)

- 개인적 : 個人的(こじんてき)
- 감각 : 感覚(かんかく)
- 이해 : 理解(りかい)
- 고도 : 孤島(ことう)
- 소위 : 少尉(しょうい)
- 범위 : 範囲(はんい)
- 공업 : 工業(こうぎょう)
- 군림 : 君臨(くんりん)
- 진출 : 進出(しんしゅつ)
- 공포 : 恐怖(きょうふ)
- 결여 : 欠如(けつじょ)
- 사례 : 事例(じれい)
- 규칙 : 規則(きそく)
- 일관 : 一貫(いっかん)
- 근면 : 勤勉(きんべん)
- 애호 : 愛好(あいこう)
- 위험 : 危険(きけん)

중요단어 및 어구

1 ~이란 (~이라는 것은) : ～と(いうの)は、～って

⇨ 언어의 의미란 도대체 무엇일까?
言葉の意味<u>とは</u>一体何であろうか。

⇨ 남자라는 것은 울면 안 돼. 바보 같애.
男<u>って</u>泣いてはあかん。馬鹿みたいね。

2 (도)대체 : 一体(いったい)、一体全体(いったいぜんたい)

⇨ 나는 대체 어떻게 하면 좋은가?
私は<u>一体</u>どうしたらいいんだ。

⇨ 도대체 어째서 그런 바보 같은 것을 생각했습니까?
<u>いったい</u>どうしてそんなばかな事を考えたんですか。

⇨ 도대체 그는 무엇을 생각하고 이런 행동을 했는가?
<u>一体全体</u>、彼はなにを考えてこんなことをしたんだ。

3 ~거나~거나 (~든 말든) : ～ても～ても、～たり～たり、～
(よ)うと～(よ)うと、～(よ)うが～(よ)うが、～
(よ)うが～まいが、～ようとまいと

⇨ 개인적으로 보나, 국가적으로 보나.
個人的に見<u>ても</u>、国家的に見<u>ても</u>。

⇨ 눈이 오거나 비가 내리거나 하면 아예 그만둡시다.
雪が降っ<u>たり</u>雨が降っ<u>たり</u>したら初めからやめにしましょう。

⇨ 가거나 오거나 맘대로 해라.
(あちらへ)行こ<u>うと</u>(こちらへ)来<u>ようと</u>勝手(かって)にしなさい。

⇨ 가거나 오거나 다 좋다.
行こうが来ようがどちらでもよい。
⇨ 가든 말든 나의 자유이다.
行こうが行くまいが私の自由だ。
⇨ 나는 다른 사람이 있든 말든 상관없습니다.
私は他の人がいようとまいとかまいません。

4 투쟁을 하다 : 闘争(とうそう)をする, 戦(たたか)う

⇨ 인류는 아주 옛날부터 자연과 투쟁을 해왔다.
人類(じんるい)は、大昔(おおむかし)から自然と闘争をして
きた。
⇨ 질 줄을 알고 있었지만 마지막까지 훌륭하게 싸웠습니다.
まけることはわかっていたが、最後までりっぱに戦いました。

5 오히려 : どちらかと言えば, むしろ, かえって, 逆(ぎゃく)に

⇨ 오히려 집에 있는 편이 낫다.
どちらかと言えば家にいるほうがよい。
⇨ 생산고에선 오히려 그들보다 훨씬 앞서고 있다.
生産高(せいさんだか)ではむしろ彼らよりずっと勝(まさ)っ
ている。
⇨ 오히려 해가 되다.
かえって害(がい)になる。
⇨ 고마워 하기는 커녕 오히려 나를 비난했다.
感謝するどころか逆に私を非難(ひなん)した。

6 ~따름이다 (~뿐이다) : ~だけだ, ~ばかりだ, ~のみだ, ~に
ほかならない, ~でしかない

⇨ 더욱 더 상황은 악화될 따름이다.

ますます状況(じょうきょう)は悪化する*ばかりだ*。

⇨ 오로지 전진할 뿐이다.

ひたすら前進(ぜんしん)する*のみである*。

⇨ 진리는 하나가 있을 따름이다.

真理(しんり)は一つある*のみだ*。

⇨ 그저 말해 봤을 뿐이다.

ただ言ってみた*だけだ*。

⇨ 같은 말을 반복할 따름이었다.

同じことを繰(く)り返(かえ)す*ばかりだった*。

⇨ 내가 지금 말한 것은, 이 책에 적혀 있는 것을 알기 쉽게 설명했을 뿐이다.

私がいま話したことは、この本に書いてあることをわかりやすく説明した*にほかならない*。

⇨ 아무리 사회적 지위가 있는 사람이라도 죽을 때에는 한 인간일 따름이다.

どんなに社会的な地位(ちい)のある人でも死ぬときはひとりの人間*でしかない*。

7 더군다나(게다가) : そのうえに, さらに, おまけに

⇨ 저 사람은 머리도 좋고, 마음도 친절하다. 게다가 얼굴도 아름답기에 나는 좋아진 것이다.

あの人は頭もいいし、心も親切だ。*その上*、顔も美しいのでぼくは好きになったのだ。

⇨ 어머니가 돌아가시고 더군다나 아버지까지 병이 나셨다.

お母さんが亡くなられ、*そのうえに*お父さんまで病気になられた。

⇨ 게다가 비까지 오고 있다.

*さらに*雨まで降っている。

⇨ 더군다나 눈마저 심하게 내렸다.

さらに雪までもひどく降った。

⇨ 해는 지고 날씨는 춥고 게다가 눈까지 내렸다.

日は暮(く)れるし寒いし、おまけに雪まで降ってきた。

8 군림하다 : 君臨(くんりん)する，支配(しはい)する，統治(とうち)する

⇨ 사계에 군림하다.

斯界(しかい)に君臨する。

⇨ 영국왕은 군림하나 통치는 하지 않는다.

イギリスの王(おう)は君臨するが統治(とうち)はしない。

⇨ 에도시대는 무사가 세상을 지배하고 있었다.

江戸時代は、武士(ぶし)が世(よ)の中を支配していた。

⇨ 정직하게 일한 주인공은, 마지막에는 그를 바보 취급한 형들을 지배했다.

正直で働き者の主人公は、最後には彼をばかにしていた兄たちを支配した。

⇨ 영국과 스페인은 옛날에 많은 식민지를 통치했다.

イギリスやスペインはかつて多くの植民地を統治していた。

9 수수께끼 : 謎(なぞ) (= '난쏘난쏘'하고 묻는 말에서)

⇨ 오랫동안 계속된 공룡시대가 갑자기 끝난 것은 많은 수수께끼를 품고 있습니다.

長く続いた恐竜(きょうりゅう)の時代が突然(とつぜん)終わったことは多くの謎に含(ふく)まれています。

10 짙게 하다 : 深(ふか)める, 深化(しんか)する(自, 他)

⇨ 공동생활을 통하여 기숙사의 사생들은 점차 우정을 <u>짙게</u> 해갔다.
   共同生活を通(とお)して、寮生(りょうせい)たちはしだいに
   友情(ゆうじょう)を<u>深め</u>ていった。

⇨ 타인의 삶으로부터 배우고, 또 예술 작품 등을 접함으로써, 우
   리들의 인생관은 짙어진다.
   他人の生き方から学び、また芸術作品などに接することに
   よって、わたしたちの人生観は<u>深化し</u>てゆく。

11 넘다 : 越(こ)える(自), 踏(ふ)み越(こ)える(他), 超過(ちょう
      か)する, 過(す)ぎる

⇨ 이 산을 <u>넘는</u> 곳에 온천이 있습니다.
   この山を<u>越え</u>た所に温泉(おんせん)があります。

⇨ 기온이 30도를 <u>넘으면</u>, 움직이는 것이 귀찮아집니다.
   気温が30度を<u>越える</u>と、動(うご)くのがいやになります。

⇨ 많은 고난을 <u>넘어</u> 오늘의 이 영관을 쟁취한 것입니다.
   幾多(いくた)の苦難(くなん)を<u>踏み越え</u>て、今日のこの栄冠
   (えいかん)を勝ち取ったのです。

⇨ 당신의 짐은 규정 중량을 <u>초과한다</u>.
   あなたの手荷物(てにもつ)は規定(きてい)の重量(じゅうりょ
   う)を<u>超過し</u>ている。

⇨ 친절도 도를 <u>넘으면</u> 때로는 쓸데없는 참견이 됩니다.
   親切も度を<u>過ぎる</u>と、時としておせっかいになります。

cf) 越(こ)す(自) : 넘다, 넘기다, 「오다」「가다」의 존경어, 이사하다
  ⇨ 저 산을 <u>넘으면</u> 우리 마을이 있습니다.
     あの山を<u>越す</u>と私たちの村があります。

⇨ 긴 겨울을 넘기지 않으면 봄은 오지 않습니다.

　　長い冬を越さなければ春は来ません。

⇨ 선생님은 어디 가십니까?

　　先生はどちらへお越しですか。

⇨ 또 찾아와 주십시오.

　　どうぞ、またお越しください。

⇨ 이웃 동네로 이사합니다.

　　隣町(となりまち)に越します。

12 ～조차 : ～さえ(も), ～も, ～までも, ～すら, ～ですら

⇨ 동포에게서 조차 버림받았다.

　　同胞(どうほう)にさえも捨(す)てられた。

⇨ 이 고장에서 조차 보기 드문 일입니다.

　　このあたりでもめったに見られないことです。

⇨ 너조차 가냐?

　　おまえまでも行くのか。

⇨ 문장은커녕 이름조차도 제대로 못쓴다.

　　文章はおろか名前すら満足に書けない。

⇨ 이제 살 희망조차 없어졌습니다.

　　もう生きる望(のぞ)みすらなくなりました。

13 부족하다 : 足(た)りない, 乏(とぼ)しい, 欠(か)ける(自)

⇨ 기술이 부족하다.

　　技術(ぎじゅつ)が足りない。

⇨ 케이크류는 비타민이 부족하다.

　　ケーキ類はビタミンが乏しい。

⇨ 저 사람에게는 곤란한 일을 끝까지 해내려는 기력이 부족하다.

あの人には困難(こんなん)な仕事をやりとげようとする気力(き
りょく)が欠けている。

⇨ 의리가 <u>부족하다(없다)</u>.
義理(ぎり)に<u>欠ける</u>。

14 일면 (한편) : 一面(いちめん), 一方(いっぽう)

⇨ 그는 엄한 면도 있지만 <u>일면</u> 부드러운 면도 있다.
彼は厳しいことは厳しいが、<u>一面</u>優しいところがある。
⇨ <u>일면</u> 동정을 할 점이 있다.
<u>一面</u>同情(どうじょう)すべき点がある。
⇨ 부자가 있는가 하면 <u>한편</u>으로는 가난한 사람도 있다.
金持ちがいるかと思えば<u>一方</u>では貧乏人(びんぼうにん)もいる。

15 까닭 : 訳(わけ), 理由(りゆう), 謂(いわ)れ, 所以(ゆえん)

⇨ <u>까닭</u>도 없이 꾸짖거나 해서는 안 됩니다.
<u>わけ</u>もなくしかったりしてはいけません。
⇨ 무슨 <u>까닭</u>인지 야마나카씨는 나를 싫어하고 있습니다.
どういう<u>わけ</u>か山中さんは私を嫌(きら)っています。
⇨ 학교를 쉴 때는 <u>이유</u>를 얘기하세요.
学校を休むときは、<u>わけ</u>を話しなさい。
⇨ 소수의 반대에도 그만큼의 <u>이유</u>가 있을 테니 귀를 기울여야
한다.
少数(しょうすう)の反対にもそれだけの<u>理由</u>があるはずだか
ら耳を傾(かたむ)けるべきだ。
⇨ <u>까닭</u> 없는 돈은 절대로 받을 수 없다.
<u>いわれ</u>のない金はぜったい受け取れない。
⇨ 그는 결단력이 강한 사람으로, 내가 그를 회장으로 추대하는

이유도 거기에 있습니다.

彼は決断力(けつだんりょく)が富(と)む人であり、わたしが彼を会長に推(お)す所以もそこにあります。

16 자칫 (잘못하면) ： ちょっと(間違えば)，ちょっと何かすると，ややもすると，とかく，得(え)てして，まかり間違(まちが)えば

⇨ 자칫 잘못하면 큰 일이 난다.
　ちょっと間違えば大変なことになる。

⇨ 자칫하면 화를 낸다.
　ちょっと何かすると怒(おこ)り出(だ)す。

⇨ '봄날 밤 새벽이 된 줄도 모르고 늦잠을 잔다'고 하는데 따뜻해지면 자칫 늦잠 자버린다.
　'春眠(しゅんみん)暁(あかつき)を覚(おぼ)えず'というが、暖かくなるとややもすると朝寝過ごしてしまう。

⇨ 겨울에는 자칫 몸을 움직이는 것이 귀찮아지고 집 안에서 질척거리는 일이 많아진다.
　冬はとかく体を動かすのが面倒(めんどう)になり、家の中でどろどろすることが多くなる。

⇨ 도시생활자는, 자칫 자연을 찬미할 뿐으로 그 위협을 모르는 경우가 많다.
　都会生活者は、えてして、自然を賛美(さんび)するばかりでその脅威(きょうい)を知らないことが多い。

⇨ 이 병은 조기에 발견되면 문제는 없지만, 자칫 잘못하면 생명을 잃기도 한다.
　この病気は早期(そうき)に発見されれば、問題はないが、まかり間違えば命取(いのちと)りになる。

17 내포하다 : 内包(ないほう)する, 持(も)つ

⇨ 무한한 가능성을 내포하다.
　無限(むげん)な可能性を内包する。
⇨ 그런 젊은이의 행동에는 많은 위험성을 내포하고 있다.
　その若手(わかて)の行動(こうどう)には多くの危険性(きけん
　せい)を持っている。

일본어번역문 15-A

　日本人とはいったい何であろうか。個人的に見ても国家的に
見ても国際的な感覚と常識で理解できない部分がひじょうに多
い。象徴的な例として、一人で二十九年間も孤島で闘争を続
けた小野田少尉の場合がある。こんな面はすべての先進国に
とって理解の範囲を超えたことで、むしろ当て物にほかならない。
　その上にその日本が今工業の超大国として世界に君臨してい
る事も、当て物をいっそう深めるのである。巨大化になったテクノ
ロジーの進出は神秘を超えて恐怖的である。規範の欠如、こ
れもまた、日本人の特有なものだし、それはすべての事例に見ら
れる。外交でさえ規則が存在しなくて一貫した政策が足りないの
である。
　勤勉でもともと平和を愛好する日本人に、一面多くの当て物
があるのは、いったいどうしたわけだろうか。それはちょっと間ちが

えば世界での孤児になるかもしれない危険性を内包しているのである。

일본어번역문 15-B

　日本人とは一体何だろうか。個人的に見ても、国家的として見ても国際的な感覚や常識から理解できない面があまりにも多い。象徴的な例として、一人で29年間も孤島で戦い続けた小野田少尉の場合がある。こうした面は先進諸国にとり、理解のワクを越えたもので、むしろ謎でしかない。

　さらにはその日本がいま工業面の超大国として世界に君臨していることも、さらに謎を深めるのである。巨大化したテクノロジ-進出は驚異を通り越して恐怖である。規範のなさは、これまた日本人独特のもので、それはすべてのケースに見られる。外交ですら無規則で一貫した政策に欠けるのである。

　勤勉で、もともと平和を愛好する日本人に、一面で多くの謎があるのは、一体どういうことなのか。それは一歩間違えば、世界の孤児になりかねない危険を持っているのである。

색인편

이 **[색인편]** 에는, 본서에 있는 중요단어 및 어구를 쉽게 찾아 볼 수 있도록, 한국어와 일본어 뒤에 그 위치를 숫자로 표시해 두었다. (예, 「さっぱり-2-19」의 경우, 앞의 숫자는 <2장 한국어문 2>의 번호이고, 뒤의 숫자는 2장의 <중요단어 및 어구> 의 번호를 말한다.)

한국어편

일찍이-4-1

일본어편

《히라가나 순》

（ㅎ）

割勘（わりかん）-7-4

合（あ）わす-1-13

合（あ）わせる-1-13

合（がっ）する-1-13

合意（ごうい）-13-4

合議（ごうぎ）-13-4

合致（がっち）-13-4

解氷（かいひょう）-12-2

行儀（ぎょうぎ）よく-6-20

香（かお）り-3-2

香（こう）ばしい-3-2

向（む）かう（自）-4-5

現今（げんこん）-8-14

穴（あな）-7-9

穴埋（あなう）め-7-3

脅（おど）かす-4-12

脅（おびや）かす-4-12

脅威（きょうい）する-4-12

協議（きょうぎ）-13-4

馨（かぐわ）しい-3-2

好（この）む-3-3, 3-16

好（す）く-3-16

酷（ひど）い-9-7, 11-3

混（ま）ざる-3-13

混（ま）じる-3-13

化（か）す（文語）-2-14

化（か）する-2-14

話（はな）し合（あ）う-12-5

華華（はなばな）しい-10-14

確（たしか）でない-5-13

丸薬（がんやく）-8-2

悔（く）いる-1-10

悔（く）やむ-1-10

回（まわ）し-8-1

会（あ）う-11-4

悔悟（かいご）する-1-10

会釈（えしゃく）-6-19

横取（よこど）りする-1-14

学府（がくふ）-9-2

学部（がくぶ）-9-2

後（あと）から後（あと）から-12-3

後（おく）れる-7-11

後（おく）れをとる-7-11

欠（か）ける（自）-15-13

欠点（けってん）-7-15

欠陥（けっかん）-7-15

希薄（きはく）だ-6-14

詰（つ）め寄（よ）せる-12-4

詰（つ）め込（こ）む-9-8

詰（つ）めかける-12-4

詰（なじ）る（5た）-11-15

詰責（きっせき）する-11-15